Grundschule

Rudi Lütgeharm

LEICHTATHLETIK

für Kinder & Jugendliche

Hochstart – Tiefstart

Schrittweitsprung

Schersprung – Flop

Schlagballwurf

Dauerlauf – Staffeln

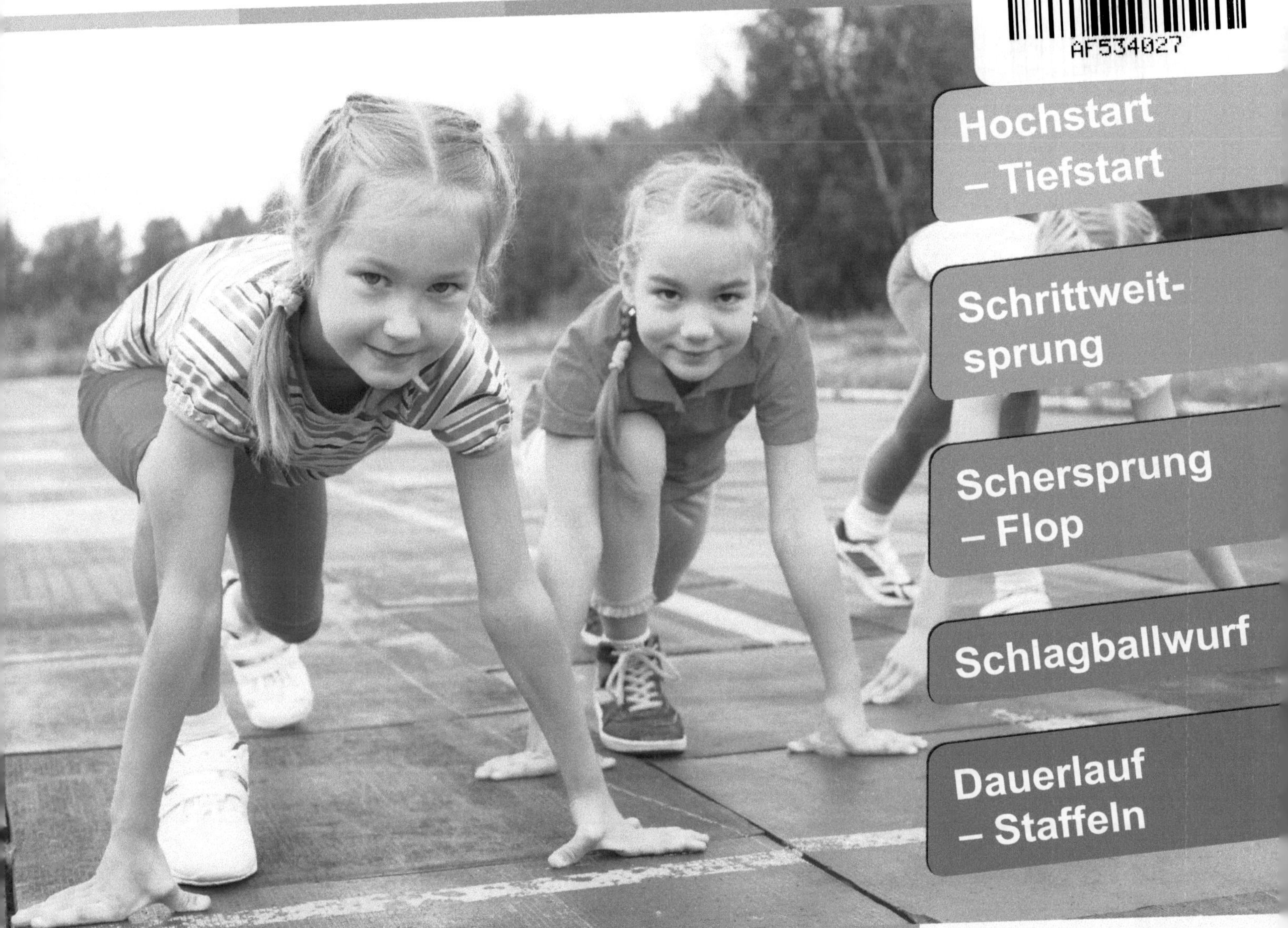

- Kleine Spiele und Koordinationsübungen
- Method. Übungsreihen mit Differenzierung
- Grundformen ganzheitlich lernen & üben

www.kohlverlag.de

Leichtathletik für Kinder und Jugendliche

Grundschule

5. Auflage 2025

Inhalt: Rudi Lütgeharm
Coverbild: © natasnow - AdobeStock.com
Illustrationen: Scott Krausen
Redaktion: Kohl-Verlag
Grafik & Satz: Eva-Maria Noack & Kohl-Verlag
Druck: elanders Druck, Waiblingen

Bildquellen:

Seite 4: © alisseja - AdobeStock.com, © New Africa - AdobeStock.com, © nadezhda1906 - AdobeStock.com, © Gregory Johnston - AdobeStock.com, © Mikkel Bigandt - AdobeStock.com; **Seite 6**: © JackF - AdobeStock.com, © Sergey Novikov - AdobeStock.com, © Natalia Danecker - AdobeStock.com, © 2xSamara - AdobeStock.com; **Seite 7**: © illustrissima - AdobeStock.com, © Olesia Bilkei - AdobeStock.com, © ziggy - AdobeStock.com; **Seite 15**: © WavebreakMediaMicro - AdobeStock.com

Literatur:

- Heymen, N./Leue. W.: Lernen im Sport mit methodischen Reihen, Pädagogischer Verlag Burgbücherei Schneider, Baltmannsweiler 1986
- Kern, U./Söll, W.: Praxis und Methodik der Schulsportarten, Verlag Karl Hofmann Schorndorf 199
- Koch, K.: Methodische Übungsreihen in der Leichtathletik, Band 9, Verlag Karl Hofmann Schorndorf 1974
- Lütgeharm, R.: Sekundarstufe - Stundenbilder Sport – Bewegung, Spiel und Spaß durch und mit Leichtathletik, Kohl-Verlag, Kerpen 2009
- Lütgeharm, R.: Sekundarstufe - Sport fachfremd unterrichten, Kohl-Verlag, Kerpen 2012
- Lütgeharm, R.: Kleine Spiele im Sportunterricht, Kohl-Verlag, Kerpen 2011
- Lütgeharm, R.: Stundenbilder Sport – Leichtathletische Grundformen schnell und sicher lernen, Kohl-verlag, Kerpen 2010
- Meinel K./Schnabel G.: Bewegungslehre – Sportmotorik, Südwest Verlag 2004
- Nieders. Kultusministerium: Kerncurriculum für die Grundschule – Schuljahrgänge 1-4 – Sport
- Sächsisches Staatsministerium für Kultus – Lehrplan Grundschule – Sport
- Schulsport-NRW2017
- Söll, W.: Sportunterricht-Sport unterrichten, Verlag Karl Hofmann Schorndorf 1996

Bestell-Nr. 12 344

ISBN: 978-3-96624-017-8

Kontakt: Kohl-Verlag, An der Brennerei 37-45, 50170 Kerpen
Tel: +49 2275 331610, Mail: info@kohlverlag.de

Inhalt

1 Vorwort / Einführung

Laufen – Springen – Werfen sind grundlegende Fertigkeiten

Liebe Kolleginnen, liebe Kollegen,

Kinder wollen sich bewegen – Kinder wollen laufen, springen und werfen.
Laufen, Springen und Werfen sind grundlegende Fertigkeiten für das Erschließen alltäglicher und sportspezifischer Bewegungszusammenhänge.[1]

Die Leichtathletik hat die einfachen und alltagsnahen Grundtätigkeiten des Laufens, Springens und Werfens zum Gegenstand.[2]

Mit den sog. Grundtätigkeiten Gehen, Laufen, Hüpfen, Springen, Balancieren, Steigen, Klettern, Rollen, Wälzen, Stützen, Schwingen, Werfen, Fangen usw. erobert das Kind seine Umwelt und sammelt dabei vielfältige Bewegungserfahrungen in der Motorik und in den Wahrnehmungsbereichen.

Laufen, Hüpfen/Springen und Werfen kennen die Kinder in der Regel schon aus ihrem Alltag und können deshalb meistens auf Grunderfahrungen zurückgreifen, was ihnen den Einstieg in sportliche und insbesondere leichtathletische Bewegungsabläufe erleichtert.

Kinder wollen sich bewegen und suchen selbst immer wieder in ihrer Umgebung nach neuen und anderen Bewegungsanlässen, z.B.

→ laufen sie mit anderen Kindern um die Wette.

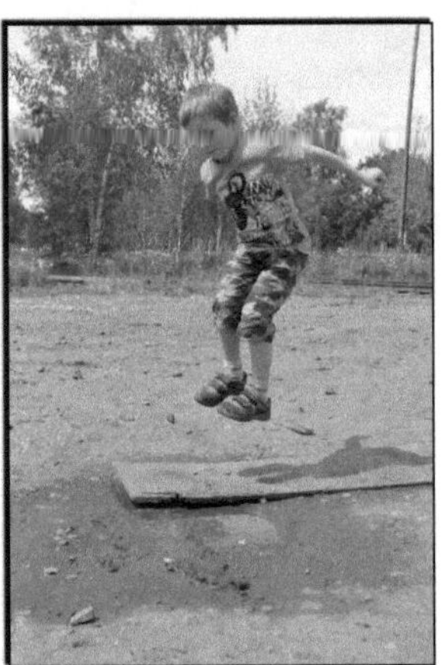

→ nutzen sie natürliche Gegebenheiten wie hier ein Brett/ein Stück Pappe und eine Pfütze zum Hüpfen und Springen

oder

→ zeichnen sich selbst mit Straßenkreide Hüpfkästen auf, um daran verschiedene Hüpf- und Sprungformen (-spiele) mit anderen Kindern auszuführen.

oder

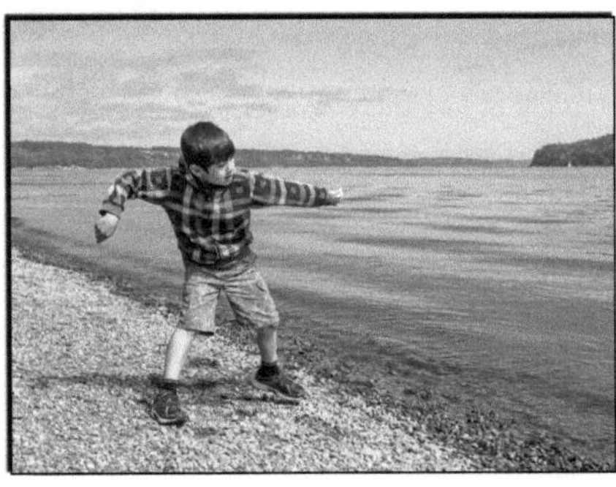

→ nehmen einen flachen Stein auf und werfen ihn so, dass viele Hüpfer auf der Wasseroberfläche möglich werden (Bild links),

oder

→ werfen den Stein möglichst weit auf den naheliegenden See hinaus.

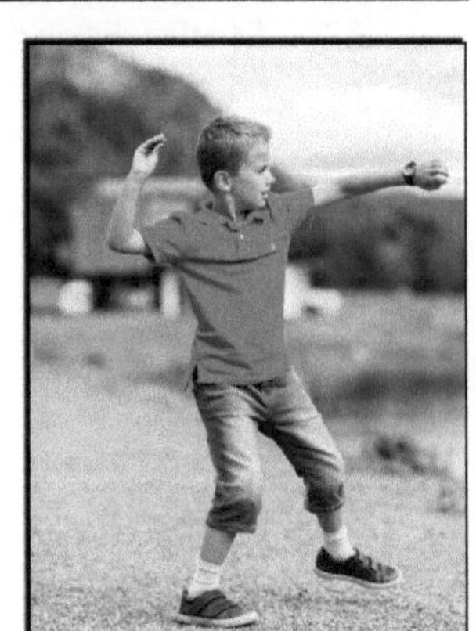

Hinweis: Bei beiden Jungen ist schon die richtige Stellung des Schlagwurfes zu erkennen.

1 *Nieders. Kultusministerium: Kerncurriculum für die Grundschule – Schuljahrgänge 1-4 – Sport, S. 16*

2 *Söll, W.: Sportunterricht – Sport unterrichten, Verlag Karl Hofmann, Schorndorf 1996*

1 Vorwort / Einführung

- **Dieses Buch zeigt anschaulich auf, wie die Kinder auf diesen Grunderfahrungen aufbauen können und spielerisch an die Leichtathletik herangeführt werden.**
- **Daran schließen sich vielseitige und vorbereitende Übungsformen zum Schulen der koordinativen und konditionellen Fähigkeiten an.**
- **Den Abschluss bilden erprobte methodische Übungsreihen zum Lernen und Üben der leichtathletischen Grundformen.**

Dieses Buch macht Vorschläge für einen abwechslungsreichen Leichtathletikunterricht mit interessanten und schülergerechten Formen.

Viel Spaß bei der Umsetzung von „Leichtathletik mit Kindern“
wünschen der Kohl-Verlag und

Rudi Lütgeharm

2 Leichtathletik ist eine Grundsportart

Leichtathletik ist die Grund- und Trainingssportart schlechthin. Grundsportart insofern, als leichtathletische Elemente fast alle anderen Sportarten durchziehen.[1]

Ganz egal, ob die Jungen und Mädchen in ihrer Freizeit Fußball, Handball, Basketball, Volleyball spielen oder eine andere Sportart ausüben, leichtathletische Elemente werden mit unterschiedlichen Anteilen und Gewichtungen immer benötigt.

Die folgenden Abbildungen machen deutlich, dass Laufen, Springen und Werfen wichtige Bestandteile in den meisten Sportarten sind. Die Grundlagen dafür können schon im Leichtathletik-Sportunterricht der Grundschule gelegt werden.

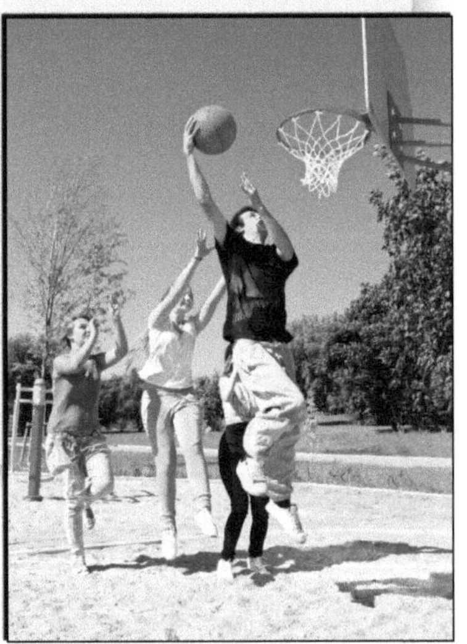

Leichtathletische Grundformen (Disziplinen) lassen sich gut vorbereiten, da die Kinder schon einen „Schatz an Bewegungserfahrungen" im Laufen, Steigen, Hüpfen, Springen, Werfen, Fangen etc. mitbringen. Auf diese Grunderfahrungen kann der Sportlehrer im Sportunterricht zurückgreifen und aufbauen.

[1] *Söll, W.: Sportunterricht – Sport unterrichten, S. 333*

2 Leichtathletik ist eine Grundsportart

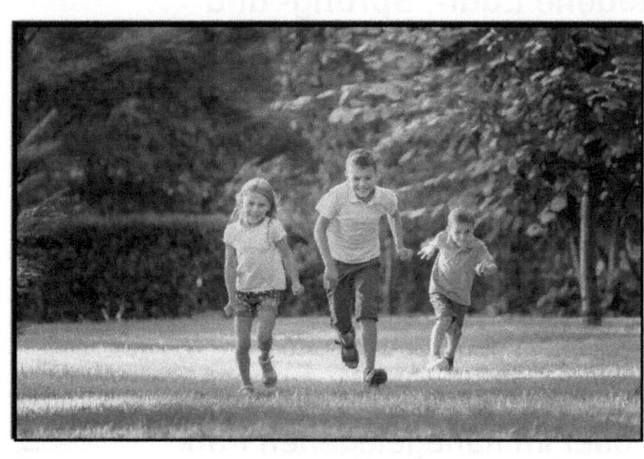

LAUFEN

Laufspiele, Hindernisläufe, Gruppenwettläufe, Staffeln und natürlich Ablaufübungen aus unterschiedlichen Positionen bilden die Grundlage für das richtige Starten und den sich anschließenden Sprint von 30 bis 50 m.

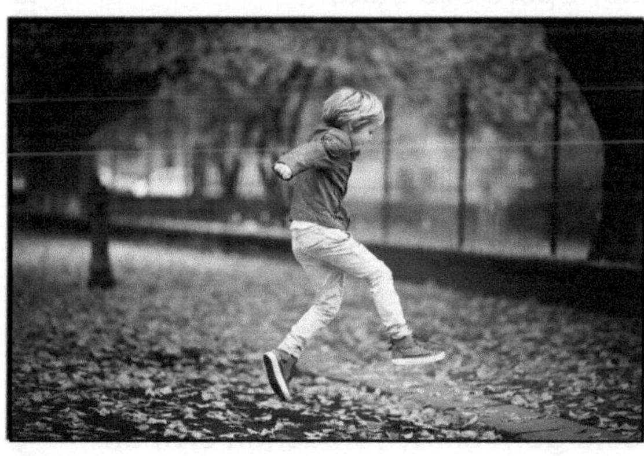

SPRINGEN

Mit Sprüngen über natürliche Gräben, an Treppenstufen, an einer Kastenreihe, von Matte zu Matte, an und über Turnbänke, Zauberschnüre etc. werden die Sprungkraft und Gewandtheit geschult/verbessert und bilden die Grundlage für ein zielgerichtetes Weit- und Hochspringen.

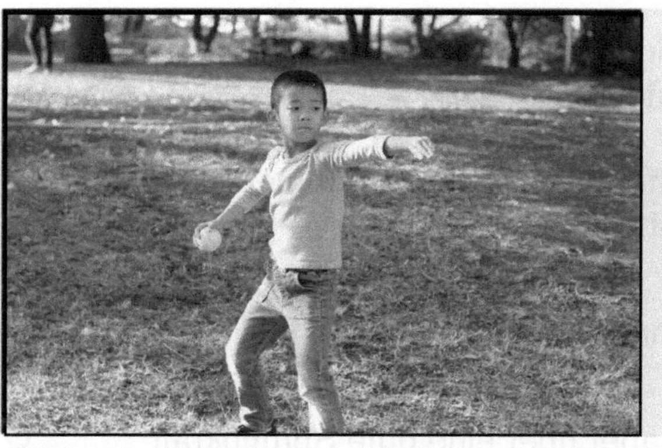

WERFEN

Meistens sind heute die Wurferfahrungen der Kinder eingeschränkt, weil das Werfen draußen mit Steinen, Tannenzapfen, Holzstückchen kaum noch möglich ist.
Deshalb ist es wichtig, dass die Kinder Möglichkeiten haben, diese Wurferfahrungen mit leichten und schwereren, kleinen und größeren Bällen im Sportunterricht nachzuholen. Hierbei werden verschiedene Wurfarten wie Schlag-, Druck- und Schockwurf angesprochen, um damit die Wurfkraft und Gewandtheit zu entwickeln, um weit und zielgenau werfen zu können.

3 Vielfalt der Leichtathletik

Für jeden ist etwas dabei ...

BEGRIFF

Unter dem Begriff Leichtathletik werden verschiedene Lauf-, Sprung- und Wurfübungen zusammengefasst.

Da die Leichtathletik verschiedene Disziplinen in sich vereint (beinhaltet), findet jedes sportbegeisterte Kind auch das passende Teilgebiet bzw. der Lehrer rät dem Schüler aufgrund seiner Fähigkeiten zu einer bestimmten Disziplin/Technik.

SPORT DRAUSSEN

Leichtathletik findet im Sommer im Freien statt.

Je nach den örtlichen Gegebenheiten wird auf dem Sportplatz, auf einer nahegelegenen Grünfläche, auf dem Schulgelände oder im nahegelegenen Park gespielt und geübt. **Das Sporttreiben „draußen“ kommt bei den Kindern in der Regel gut an**, weil sie ganz andere Bedingungen vorfinden und es außergewöhnlich ist (in der Regel findet der Sportunterricht immer in der Sporthalle statt).

Hinweis: Natürlich sind die hier genannten Spiel- und Übungsformen meistens auch in der Sporthalle durchführbar.

IMMUNSYSTEM

Das Spielen und Üben im Freien an der frischen Luft trägt zur Entwicklung eines gesunden Immunsystems der Kinder bei.

Die Verbesserung von Kondition und Koordination – gerade an frischer Luft – hat insgesamt einen positiven Einfluss auf die Entwicklung von Kindern.
Kinder im Grundschulalter sind bewegungsfreudig, sind gern aktiv, versuchen sich an „Neuem“ und werden deshalb viel Spaß an den abwechslungsreichen und vielfältigen leichtathletischen Bewegungsabläufen haben – **es ist für jeden etwas dabei**.

VIELZAHL VON DISZIPLINEN

Die Leichtathletik ist durch die Vielzahl der Disziplinen und die Möglichkeiten der Auswahl von Techniken abwechslungsreich und interessant.

Dadurch ergeben sich vielfältige Angebote und Differenzierungsmaßnahmen, d.h. jedes Kind hat mehr Möglichkeiten zur Auswahl, um das passende Teilgebiet zu finden:

Zum Beispiel bekommt ein Junge, der nicht so schnell laufen kann, die Möglichkeit, beim Schlagballweitwurf gut abzuschneiden.

Oder ein Mädchen, das nicht so gut werfen kann, aber über eine gute Sprungkraft verfügt, kann deshalb im Weit- oder Hochsprung überzeugen.

Schnelligkeit, Ausdauer, Kraft und Koordination sind in der Leichtathletik zwar Grundvoraussetzungen, aber nicht für jede Disziplin gleichermaßen von Bedeutung. Diese unterschiedliche Gewichtung kommt den Kindern einer Regelklasse mit unterschiedlichen motorischen Voraussetzungen sehr entgegen, weil die Leichtathletik mit ihrer Vielfalt grundsätzlich diesen unterschiedlichen Voraussetzungen gerecht werden kann.

KOHL VERLAG Leichtathletik für Kinder & Jugendliche Grundschule – Bestell-Nr. 12 344

3 Vielfalt der Leichtathletik

Die Leichtathletik vereint (beinhaltet) unterschiedliche Disziplinen, z.B.:

Start und 50 m Lauf

Staffelläufe mit Stabübergabe

Weitsprung

Hochsprung

mit Auswahl der jeweiligen Technik

Schlagballweitwurf

Ausdauerschulung / Dauerlauf

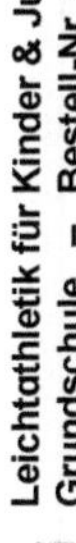

3 Vielfalt der Leichtathletik

Die einzelnen leichtathletischen Disziplinen haben unterschiedliche Regeln; so muss man beim Hochsprung mit einem Bein oder beim Weitsprung vom Balken oder aus einer Absprungzone abspringen.

In der Leichtathletik spielen, üben und trainieren die Kinder in der Regel als Einzelsportler. Jeder versucht seine eigene Technik (die eingeübten Bewegungsabläufe) zu verbessern, um noch bessere Leistungen beim Laufen, Springen und Werfen zu erzielen.

Bei Staffelläufen und anderen Mannschaftswettkämpfen werden soziale Kompetenzen besonders gefördert. Hier müssen die Kinder verantwortungsvoll zusammen spielen/üben, aber auch beim ganz normalen Üben tauschen sich die Kinder über ihre Technik und die erbrachten Leistungen aus. Der Sportlehrer legt Wert auf gegenseitige Rücksichtnahme und Anregungen, sich gegenseitig zu unterstützen.

In diesem Buch werden die elementaren Formen der Leichtathletik verständlich dargestellt und durch erprobte methodische Übungsreihen veranschaulicht, damit auch der fachfremd unterrichtende Lehrer diese Themen umsetzen kann.

- starten und sprinten = Kauer- und Tiefstart
- weit springen = Schrittweitsprung
- hoch springen = Schersprung und Flop
- weit werfen = Schlagballwurf
- ausdauernd laufen = Viereckläufe, Hindernisläufe, etc.
- in der Gruppe laufen = Staffelläufe

Den Kindern wird Schritt für Schritt die jeweilige Technik ganzheitlich vermittelt, sodass auch immer gleich Erfolgserlebnisse möglich sind.

KOHL VERLAG Leichtathletik für Kinder & Jugendliche Grundschule – Bestell-Nr. 12 344

4 Inhalte/Schwerpunkte Klasse 1/2 – Klasse 3/4

Kinder können schon früh mit der Leichtathletik beginnen. Es ist nie zu früh, aber auch nie zu spät, sich mit den Bewegungsabläufen (den Techniken) der leichtathletischen Grundformen zu beschäftigen. Grundschulkinder werden zunächst mit kleinen Spielen und später mit zielgerichteten Übungsformen und methodischen Übungsreihen mit den Grundformen der Leichtathletik vertraut gemacht.

Die Bedeutung der Leichtathletik wird auch in den Lehrplänen (Kerncurricula) für die Grundschule in den einzelnen Bundesländern klar zum Ausdruck gebracht:

- Laufen, Springen und Werfen sind Grundformen menschlichen Bewegens.
  Kinder erschließen sich im Laufen, Springen und Werfen ihre Umwelt, erfahren die Natur und entdecken und erleben ihren Körper.[1]

- Vielfältiges spielerisches Laufen, Springen und Werfen bereichern Bewegungserfahrungen, fördern den Erlebnisreichtum leichtathletischen Übens und begünstigen Sicherheit und Selbstvertrauen.

Leichtathletisches Üben ist konditionell anspruchsvoll, verlangt Anstrengung und betont damit Anforderungen, die für den gesamten Sportunterricht gelten. Prägend ist das Üben im Freien in größeren Bewegungsräumen. Damit verbunden sind erhöhte Anforderungen an die Selbstständigkeit der Schüler. Das gemeinsame und selbstständige Üben unterstützt die Entwicklung von Sozial- und Lernkompetenz.[2]

In den Klassenstufen 1 und 2 …
stehen u.a. folgende inhaltliche Schwerpunkte im Vordergrund:

➲ Formen des spielerischen Laufens – Formen und Abläufe aus verschiedenen Ausgangsstellungen;

➲ vielfältiges Weit- und Hochspringen und das Erleben des Fliegens beim Springen;

➲ verschiedene Wurfmöglichkeiten mit unterschiedlichen Materialien (unterschiedliche Bälle und andere Gegenstände) und deren Flugeigenschaften.

[1] *Schulsport-NRW2017, S. 1*

[2] *Sächsisches Staatsministerium für Kultus – Lehrplan Grundschule – Sport, S. 8*

KOHL VERLAG Leichtathletik für Kinder & Jugendliche Grundschule – Bestell-Nr. 12 344

Inhalte/Schwerpunkte Klasse 1/2 – Klasse 3/4

In den Klassenstufen 3 und 4 ...
erhält die „Idee“ der Leichtathletik – schneller, höher, weiter, ausdauernder – eine stärkere Bedeutung. Hierbei erfolgt vorrangig eine Orientierung an der individuellen Bezugsnorm. Die Schüler ermitteln ihre Bestleistungen und streben Leistungsfortschritte an. [3]

Folgende Schwerpunkte stehen im Mittelpunkt und werden mit interessanten Spiel- und Übungsformen sowie mit methodischen Übungsreihen erlernt und geübt:

STARTEN UND SPRINTEN

- ➲ aus verschiedenen Ausgangsstellungen ablaufen;
- ➲ Sprintläufe von 30-50 m;
- ➲ richtige Ablaufposition finden: Hochstart – Fallstart – Kauerstart – Tiefstart;

WEIT UND HOCH SPRINGEN

- ➲ vielfältig mit einem Bein abspringen – Schrittsprünge, Steigesprünge, Sprungläufe;
- ➲ mit Anlauf von einem Kasten hoch/weit springen und beidbeinig landen;
- ➲ mit Anlauf weit springen: Hocksprung und Schrittweitsprung;

- ➲ aus dem Anlauf hoch springen: Schersprung und Flop lernen und üben;

[3] *Sächsisches Staatsministerium für Kultus – Lehrplan Grundschule – Sport, S. 8*

KOHL VERLAG Leichtathletik für Kinder & Jugendliche Grundschule – Bestell-Nr. 12 344

4 Inhalte/Schwerpunkte Klasse 1/2 – Klasse 3/4

- weit und zielgenau werfen mit unterschiedlichen Materialien;
- Schlagwurftechnik lernen und üben

- ausdauerorientiert laufen – Viereckläufe, Hindernisläufe, Bumerangläufe;
- schnell in einer Gruppe laufen – Pendelstaffel und Umkehrstaffel

Wussten Sie das?

Anmerkungen ...

Die Leichtathletik ist wohl die älteste Sportart der Welt. Die Leichtathletik besteht im Großen und Ganzen aus Laufen, Werfen und Springen.
Das alte olympische Motto „Höher, schneller und weiter" ist vielen bekannt und sagt so viel über die grundsätzlichen Ziele der Leichtathletik aus.
Die Leichtathletik ist – wegen der Attraktivität und der Vielfalt und Vielzahl ihrer Disziplinen – das Herzstück der Olympischen Spiele. Schon bei den Olympischen Spielen der Antike stand der Stadionlauf am Anfang der Spiele, seine Sieger sind seit 776 v. Chr. überliefert.[4]

[4] *Der **Stadionlauf** war eine der fünf Disziplinen des Pentathlons, wurde aber auch als Einzeldisziplin durchgeführt. Ein stadion war in der Antike ein griechisches Längenmaß (= 600 olympische Fuß), das sind umgerechnet 192 Meter. Den ersten Stadionlauf gewann 776 v. Chr. Koroibos, der damit als erster Olympiasieger gilt. (Quelle: Wikipedia)*

5 Leichtathletik unterrichten – Praxishinweise

Wird die Leichtathletik auch in Zukunft Bestandteil des Schulsports sein?

Ja, davon bin ich fest überzeugt. Allerdings sollten nicht nur die „klassischen“ Techniken/Disziplinen im Mittelpunkt des Sportunterrichts stehen, sondern auch Veränderungen/Variationen und Spielformen angeboten werden.

Leichtathletik wird vom Schüler toleriert, weil er einsieht, dass sie als Sport an sich zur Schule dazugehört, vielleicht aber auch nur deshalb, weil Schwachpunkte nicht so offensichtlich werden wie in anderen Sportarten, einschließlich der Spiele.

Leichtathletische Bewegungsabläufe „gelingen“ fast immer, selbst wenn ein Weitsprung eigentlich ein „Nah“sprung wird und man gerade eben noch so mitmacht.[1]

Leichtathletik unterrichten – zeitgemäß und schülerorientiert

Die folgenden Punkte sind Anregungen, die der Sportlehrer in seine Überlegungen einbeziehen sollte, um die Leichtathletik für alle Schüler gleichermaßen motivierend und interessant zu gestalten. Sie erheben keinen Anspruch auf Vollständigkeit, sollen aber verdeutlichen, dass Leichtathletik viel mehr ist als nur der 50 m Lauf, der Weit- und Hochsprung sowie das weite Werfen.

☺ Vielfalt der Leichtathletik

Kindern ein umfangreiches Angebot machen, d.h. die Inhalte in interessanten Bewegungsangeboten „verpacken“, z.B

schnelles Laufen = „Sprintermehrkampf“

ausdauerndes Laufen = „Linienlauf“

neue Staffelformen = Austauschstaffel, Zubringerstaffel, Biathlonstaffel etc.

☺ Lernen und Üben der Grobform

Im Vordergrund des leichtathletischen Sportunterrichts steht immer die Vermittlung der jeweiligen Grobform, z.B. der Schrittweitsprung durch eine erprobte methodische Übungsreihe. Ziel muss es sein, den Kindern möglichst einige Grundformen der Leichtathletik in der Grobform zu vermitteln. Die Organisation von Trainingsprozessen ist hier zweitrangig.

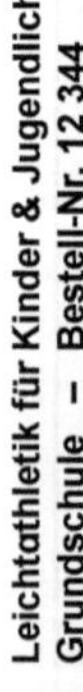

[1] *Söll, W.: Sportunterricht – Sport unterrichten, S.332*

5 Leichtathletik unterrichten – Praxishinweise

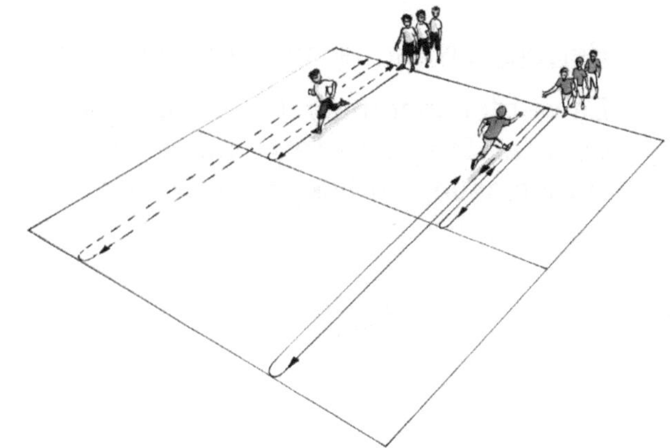

☺ Kombination mit anderen Sportarten/ Übungsformen

Besonders interessant wird es, wenn die Grundformen Laufen, Springen und Werfen kombiniert oder in Staffeln und andere Spielformen eingebunden und evtl. zusätzliche Handgeräte eingesetzt werden, z.B. die Bumerangstaffel.

☺ Hallenleichtathletik

Das Lernen und Üben der Grundformen der Leichtathletik lässt sich häufig in der Sporthalle unter Einsatz von Klein- und Großgeräten methodisch gut umsetzen. Die Lern- und Übungsprozesse lassen sich in der Halle abwechslungsreich und interessant gestalten. Deshalb sollte die Hallenleichtathletik als eigenständiger Bereich genutzt werden.

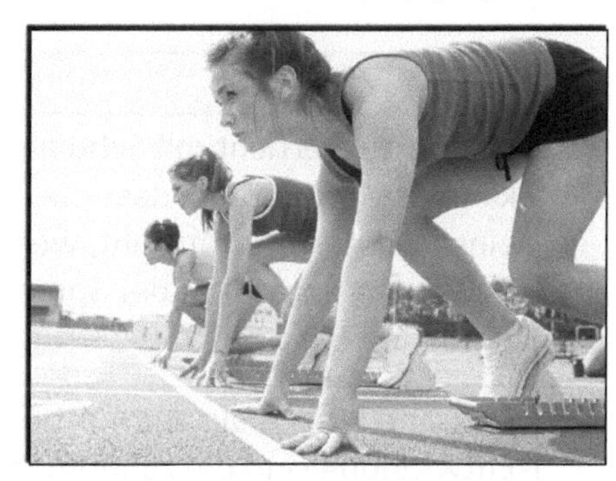

☺ Interessen/Neigungen und Differenzierung

Es muss nicht jedes Kind alles machen oder können, z.B.

- versucht sich ein wurfstarker Junge mit dem schwereren Wurfball von 200 g oder dem Schlagwurf aus dem Anlauf usw.;
- während sich ein laufstarkes Mädchen intensiv mit dem Tiefstart beschäftigt, um noch schneller die 50 m-Strecke zu sprinten.

Grundsätzlich sollten nicht die absoluten Leistungen im Vordergrund stehen, sondern dabei auch immer die individuellen Voraussetzungen der Kinder berücksichtigt werden.

Beispiel: Wenn Schüler A zu Beginn der Saison 2,70 m weit gesprungen ist und nach einiger Zeit seine Leistung auf 3,00 m gesteigert hat, entspricht das einer Verbesserung um 30 cm und um rund 11 %; während bei Schüler B eine Steigerung von 3,50 m auf jetzt 3,60 m (also um 10 cm) nur 2,9 % ausmacht.

☺ Kooperieren und neue Übungs- und Wettkampfideen

Besonders viel Spaß bereitet es den Jungen und Mädchen, neue leichtathletische Übungs- und Wettkampfformen in einer Gruppe auszuführen und gemeinsam um den Sieg „zu laufen, zu springen oder zu werfen".

Beispiel: **„Wettwanderspringen"** – der erste Schüler jeder Gruppe beginnt an der Startlinie mit seinem Schlussweitsprung. Der zweite Schüler beginnt genau an der Stelle des Niedersprungs des ersten. Jedes Kind muss einmal gesprungen sein. Welche Gruppe hat zum Schluss die größte Weite erreicht?

Beispiel: **„Nummernwettläufe in Partnerform“**

Es werden innerhalb der Gruppe Paare gebildet. Die Laufstrecke muss mit Handfassung zurückgelegt werden.

5.1 Mittleres Kindesalter (7 bis 9/10 Lebensjahre)

Um die Vielfalt und Inhalte des leichtathletischen Laufens, Springens und Werfens schülergerecht zu vermitteln, muss der Sportlehrer die Schüler auch „verstehen“, d.h. er muss über die motorische Entwicklung der Kinder im mittleren Kindesalter informiert sein und die Besonderheiten bei seiner Planung und Umsetzung in der Unterrichtspraxis berücksichtigen.
Als mittleres Kindesalter werden die Lebensjahre 7-9/10 Jahre bezeichnet (nach Meinel/Schnabel), in der Regel also die Schuljahrgänge 1 bis 4.
Im Folgenden werden einige typische Punkte der motorischen Entwicklung genannt. Es schließen sich Möglichkeiten der praktischen Umsetzung in der leichtathletischen Unterrichtspraxis an.

motorische Entwicklung	Beispiele
Im Sportunterricht mit Schulanfängern kann es vorkommen, dass die Disziplin einer Klasse verloren geht, wenn die Bewegungsintensität der Sportstunde zu niedrig ist.	**Alle machen mit ...** Kleine Spiele / Wettläufe auswählen, bei denen alle Schüler gleichzeitig aktiv mitmachen können.
Typische Merkmale der motorischen Entwicklung sind die zunehmende Ansprechbarkeit für sportliche Leistungsanforderungen und das sich ausprägende Leistungsstreben.	**Neue Aufgaben stellen ...** Mit dem Rücken zur Laufrichtung und auf Kommando sich umdrehen und starten.
Freude und Aufmerksamkeit erlahmen relativ rasch, wenn zu häufige Wiederholungen und zu wenig Abwechslung im Sportunterricht geboten wird.	**Variationen auswählen ...** Sprungfolgen variieren
Phase der schnellen motorischen Lernfähigkeit – überwiegend günstige körperbauliche Voraussetzungen. Bewegungsfertigkeiten in der Grobform lernen, z.B. Starten – Schlagballwurf – Schrittweitsprung – Schersprung – Flop, aber auch die Stabübergabe bei Staffeln etc.	**Grundformen lernen und üben ...**

KOHL VERLAG Leichtathletik für Kinder & Jugendliche Grundschule – Bestell-Nr. 12 344

Fazit

Kinder im Grundschulalter sind besonders bewegungs- und experimentierfreudig, das sollte der Sportlehrer auch in der Gestaltung seiner Unterrichtsplanung berücksichtigen.

Wichtig hierbei ist, dass die Kinder in der Praxis merken, dass Leichtathletik eben nicht nur aus den klassischen Disziplinen besteht, sondern viel mehr Bestandteile in sich vereint, die weit über den bekannten Rahmen hinausgehen.

- Schüler im mittleren Kindesalter benötigen einen Sportunterricht mit einem **vielseitigen Bewegungsangebot, abwechslungsreich und freudebetont** gestaltet; das gilt auch für die Leichtathletik mit seiner ganzen Vielfalt.
- **Das Mitmachen (sich aktiv beteiligen) des Sportlehrers**, z.B. beim gemeinsamen Warmlaufen auf dem Sportplatzgelände oder das Vormachen des Schrittweitsprungs wirken motivierend auf die Schüler, ebenso unterstützen verbale Impulse und Ansporn den Lern- und Übungsprozess.
- Das bisher so wichtige Lernen durch Anschauen und Nachmachen wird am Ende des mittleren Kindesalters (in den 4. Klassen) immer mehr durch **bewusstes Wahrnehmen und Begreifen der Bewegungshandlungen** (worauf kommt es an – was muss ich beachten) ergänzt.

Dieses Buch zeigt viele Möglichkeiten auf, wie man den Leichtathletikunterricht interessant, abwechslungsreich, teilweise spielerisch, aber auch zielgerichtet gestalten kann.

6 Laufen

Laufen ist eine allgegenwärtige und – scheinbar – einfache Grundtätigkeit mit einem weiten Anwendungsspektrum. Man kann langsam oder schnell, kurz oder lange andauernd, in verschiedenen Bewegungsrichtungen und -formen laufen; und man kann, was das Entscheidende ist, dies mit einer fast unübersehbaren Zahl anderer Tätigkeiten kombinieren.[1]

Das Laufen gehört im mittleren Kindesalter (7 bis 9/10 Lebensjahre) zu den vorherrschenden und am meisten gepflegten Bewegungstätigkeiten der Kinder. [2]
Im Sportunterricht mit dem Schwerpunkt Laufen verbessern die Kinder besonders effektiv ihre Koordination und Kondition, z.B.

- Orientierungs-, Gleichgewichts- und kinästhetische Differenzierungsfähigkeit;
- schnelle Reaktionsgeschwindigkeit;
- Kraft, Schnelligkeit und Beweglichkeit.

Bei allen Laufdisziplinen geht es grundsätzlich darum, schneller/ausdauernder als die Mitschüler zu sein.

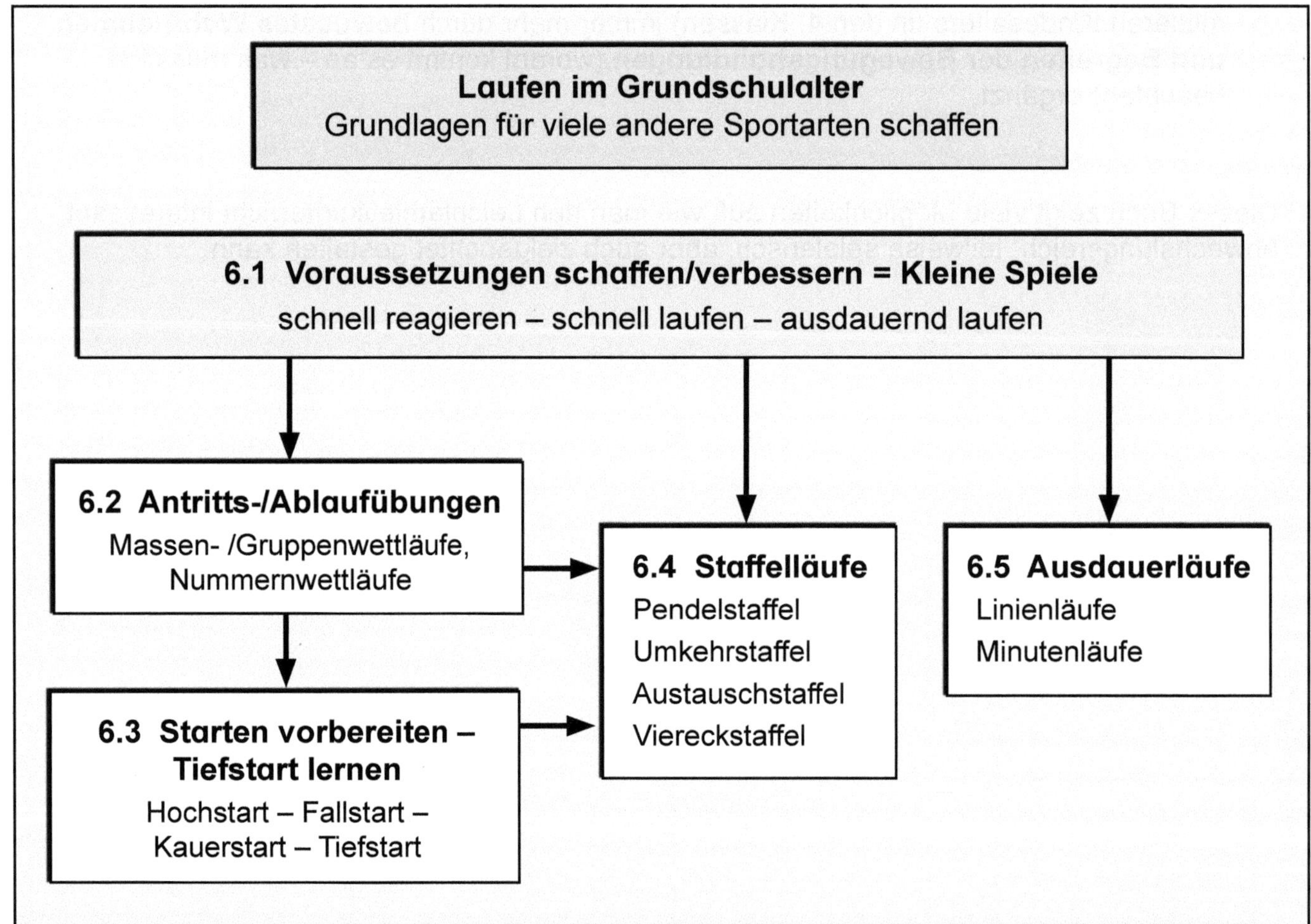

Die Übersicht veranschaulicht auf einen Blick die Hauptbestandteile des leichtathletischen Laufens mit Kindern im Grundschulalter und macht deutlich, dass zunächst immer **Lauf- und Fangspiele** im Vordergrund stehen, weil sie grundlegende Voraussetzungen schaffen. Daran schließen **Antritts- und Ablaufübungen** (Gruppenwettläufe, Nummernwettläufe) an, die wiederum die Grundlage für zielgerichtete Übungsformen sind.

[1] *Kern, U./Söll, W.: Praxis und Methodik der Schulsportarten, S. 158*
[2] *Meinel, K./Schnabel, G.: Bewegungslehre – Sportmotorik, S. 273*

Leichtathletik für Kinder & Jugendliche Grundschule – Bestell-Nr. 12 344
KOHL VERLAG

6 Laufen

Es folgen zielgerichtete Übungsformen, um das Starten vorzubereiten. Die Schüler lernen die verschiedenen Formen des Startens, z.B. Hochstart – Fallstart – Kauerstart kennen und werden dadurch Schritt für Schritt an den Tiefstart herangeführt. Nur wenn der Schüler die unterschiedlichen Möglichkeiten des Startens kennt, kann er sich für seine individuelle Starttechnik entscheiden.

Untersuchungen haben gezeigt, dass viele Grundschulkinder mit einem Hochstart bessere Sprintleistungen (50 m Lauf) erzielen als mit dem technisch schwierigeren Tiefstart.

Das Schema macht auch deutlich, dass dem Leistungsstand der Schüler **angepasste Staffelläufe** wegen ihrer hohen Emotionalität oft eingeplant werden sollten, nicht nur zum Abschluss der Stunde.

Das ausdauernde Laufen muss immer besonders gut geplant und mit interessanten Laufformen wie Hindernisläufen, Minutenläufen, Umkehr- und Viereckläufen angeboten werden, damit die Motivation der Schüler erhalten bleibt oder geweckt wird.

Klassenstufen 1/2 ➲ bis 10 min ohne Pause im gleichmäßigen Tempo laufen

Klassenstufen 3/4 ➲ bis 15 min ohne Pause im gleichmäßigen Tempo laufen [3]

Im Folgenden wird eine Auswahl von vorbereitenden sowie zielgerichteten Spiel- und Übungsformen mit dem in der Übersicht genannten Schwerpunkt veranschaulicht. Dieses Angebot erhebt keinen Anspruch auf Vollständigkeit, verdeutlicht aber die vielfältigen Möglichkeiten des leichtathletischen Laufens auf dem Sportplatz und in der Sporthalle.

6.1 Voraussetzungen schaffen/verbessern = Kleine Spiele

Aus der Vielzahl der Lauf- und Fangspiele wird hier eine Auswahl angeboten, bei denen in der Regel alle Schüler mitspielen können. Der Sportlehrer wählt aus und verändert unter Berücksichtigung seiner Klasse und der jeweiligen Übungsstätte.
Wichtig hierbei ist, dass das Spiel ohne großen Aufwand sofort durchführbar ist.

➔ **Fangen mit einem Fänger:** Ein vorher bestimmter Schüler versucht seine frei umherlaufenden Mitspieler abzuschlagen. Wer einen Schlag erhalten hat, löst den Fänger ab, während dieser als Läufer wieder am Spiel teilnimmt. Die Fänger werden durch das Tragen eines Parteibandes kenntlich gemacht, bei Abschlag wird es sofort an den neuen Fänger weitergegeben.

Variationen:

- mit 2 Fängern spielen lassen;
- in einem kleineren Feld spielen lassen;
- Wer abgeschlagen worden ist, wird zusätzlich zum Fänger, sodass es immer mehr Fänger gibt und immer weniger Läufer (durch Parteibänder kenntlich machen).

[3] *Sächsisches Staatsministerium für Kultus – Lehrplan Grundschule – Sport, S.9 +10*

➔ **Wer fängt am schnellsten?** Es werden drei oder vier Fänger bestimmt. Welcher Schüler hat zuerst zehn Spieler abgeschlagen? Die abgeschlagenen Spieler scheiden nicht aus, sondern spielen weiter mit.

➔ **Fangen mit Bewegungsaufgaben:** Es dürfen die Läufer nicht abgeschlagen werden, die kurz vorher eine bestimmte Position eingenommen haben, z.B. Schwebesitz, Bauch- oder Rückenlage etc. Der Fänger muss dann einen anderen Läufer verfolgen und versuchen, ihn abzuschlagen.
Tipp: Der Sportlehrer sagt die Position vorher an.

➔ **„Bruder/Schwester hilf":** Ein verfolgter Schüler ruft um Hilfe und darf nicht abgeschlagen werden, wenn er einem Mitspieler die Hand reicht. Sobald der Fänger sich einem anderen Spieler zuwendet, löst sich das gebildete Paar wieder auf.
Variation: mit 2 Fängern spielen lassen

➔ **Schwarz und Weiß:** Beide Gruppen stehen sich in der Mitte des Spielfeldes mit etwa 2 – 3 m Abstand gegenüber. Eine Gruppe ist „Weiß", die andere „Schwarz".
Ruft der Sportlehrer „Schwarz", laufen alle Spieler der schwarzen Mannschaft schnell zu ihrer ca. 10 – 15 m entfernten Freimallinie, während „Weiß" die fliehenden Läufer vor der Linie abzuschlagen versucht. Es gewinnt die Mannschaft, die nach mehreren Durchgängen die meisten Abschläge (Punkte) erreicht hat.

➔ **Steh Bock – Lauf Bock:** Ein Drittel (evtl. auch ein Viertel) aller Schüler bildet die Fangmannschaft und bleibt es auch während eines Spieldurchgangs. Alle Fänger werden durch Parteibänder gekennzeichnet. Die von den Fängern mit dem Ruf: „Steh Bock!" abgeschlagenen Schüler gehen in die Hockstellung. Die noch frei umherlaufenden Schüler können sie durch Berührung und den Ruf: „Lauf Bock!" erlösen, dadurch nehmen sie wieder aktiv am Spielgeschehen teil. So kommt es zu einem ständigen Wechsel zwischen Laufen – schnell Reagieren und wieder Laufen. Ein Spieldurchgang ist beendet, wenn sich sämtliche Läufer in der Hockstellung befinden. Danach werden neue Fänger bestimmt.

Tipp: Anfangs kann man dieses Spiel auch auf Zeit spielen lassen, z.B. 3 Min. lang. Wie viele Schüler sind dann in der Hocke? Danach werden neue Fänger ausgewählt.

➔ **Schnapp dir das Band:** Alle Schüler stecken lose ein Parteiband in den Bund der Sporthose. Jeder Schüler versucht nun, anderen Mitschülern das Band wegzunehmen, das eigene aber zu behalten. Alle Schüler sind also Fänger und Läufer zugleich. Wer sein Band verloren hat, geht in die Hockstellung. Es werden zwei Sieger ermittelt. Wer konnte bis zum Schluss sein Band behalten? Wer hat die meisten Bänder erobert?

➔ **Kreisfangen:** Alle Schüler bilden einen Innenstirnkreis mit Handfassung, der Läufer reiht sich auch im Kreis ein. Der Fänger steht ihm außerhalb des Kreises gegenüber. Auf ein Zeichen des Sportlehrers versucht der Fänger, den Läufer abzuschlagen. Sobald der Fänger um den Kreis herumläuft, nehmen alle anderen Kreisspieler dieselbe Laufrichtung auf, um den Läufer vor dem Abschlag des Fängers zu schützen. Wenn der Läufer die Richtung wechselt, muss der Kreis auch sofort die Richtung ändern.

Tipp: Mit einem Rundtau (zusammengeknotetes Tau) geht das noch besser – alle Schüler fassen mit einer Hand das Tau.

➔ **Kreis gegen Kreis:** Die anzahlmäßig gleichstarken Mannschaften stellen sich in der Mitte des Spielfeldes zu zwei Kreisen mit ca. 2 m Abstand voneinander auf. Die Kreise laufen langsam in entgegengesetzter Richtung. Auf ein Signal des Sportlehrers versuchen die Spieler des äußeren Kreises schnell die markierten äußeren Spielfeldgrenzen zu erreichen, damit sie nicht von den Schülern des inneren Kreises abgeschlagen werden. Für jeden abgeschlagenen Spieler gibt es einen Punkt. Nach mehreren Durchgängen werden die Rollen getauscht. Welche Mannschaft hat dann die meisten Punkte?

6.2 Antritts-/Ablaufübungen: Massen-, Gruppen- und Nummernwettläufe

Der Schwerpunkt der Antritts-/Ablaufübungen liegt darin, auf ein Signal schnell zu reagieren und schnellstmöglich in Bewegung umzusetzen – schnelles Laufen – Sprint. Antritts-/Ablaufübungen können in der Gruppe, aber auch einzeln durchgeführt werden. Die folgende Auswahl ist gleichermaßen auf dem Sportplatz und auch in der Sporthalle ohne großen organisatorischen Aufwand durchführbar.

➔ **Massenwettlauf:** „Wer steht zuerst auf der anderen Seite des Spielfeldes?“ Alle Schüler starten gleichzeitig auf ein Zeichen des Sportlehrers aus dem Stand von einer Linie/Markierung, um ein vorher bestimmtes Ziel zu erreichen. Sieger ist derjenige, der zuerst das Ziel erreicht hat. Man kann auch die ersten drei Teilnehmer als Sieger nennen.

Tipp: Laufstrecke 20-50 m – vorhandene Markierungen (16m-Raum) nutzen

Differenzierung: Besonders laufstarke Schüler starten 3 m hinter der Grundlinie oder aus der Hockstellung.

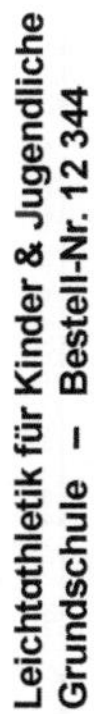

➔ Wie vorher, aber die Schüler stehen mit dem Rücken zur Laufrichtung:
Auf ein Zeichen des Sportlehrers müssen die Schüler zunächst eine halbe Drehung ausführen, bevor sie lossprinten können.

Tipp: Laufstrecke 20-50 m – vorhandene Markierungen (16 m-Raum) nutzen

➔ Gruppenwettlauf nebeneinander:
Der Sportlehrer teilt die Klasse in zwei oder drei Gruppen auf, die sich nebeneinander an einer Grundlinie aufstellen. Auf Zeichen des Sportlehrers starten die Läufer der Gruppen gleichzeitig. Welche Gruppe steht/sitzt zuerst nebeneinander auf der gegenüberliegenden Ziellinie?

Variationen:

- aus dem Sitz, dem Hockstütz, der Bauchlage starten
- Die Schüler müssen auf der Laufstrecke über Hindernisse (Bananenkartons, Turnbänke, kleine Gräben im Gelände).

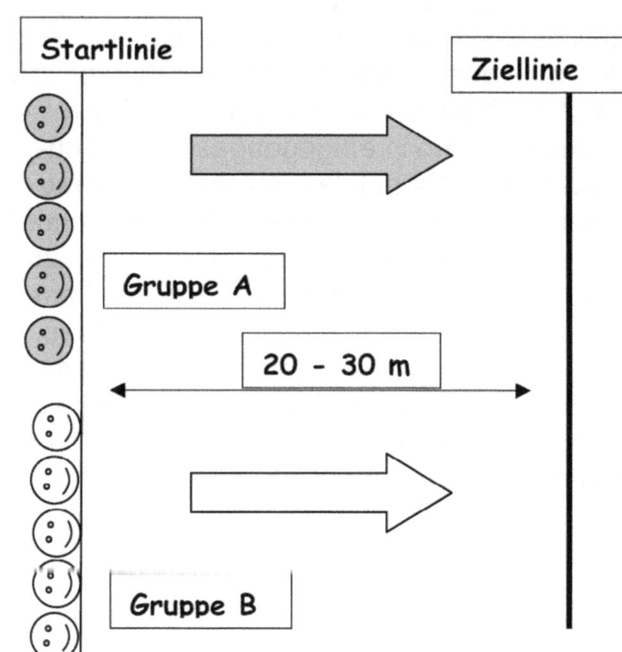

➔ Gruppenwettlauf mit Seitenwechsel:
Die beiden Gruppen stehen sich an den Grundlinien gegenüber. Auf Signal des Sportlehrers laufen alle Schüler los und wechseln die Seiten, ohne sich dabei zu behindern. Welche Gruppe steht zuerst auf der anderen Startlinie?

Tipp: Laufstrecke 20-50 m – vorhandene Markierungen (16 m-Raum) nutzen

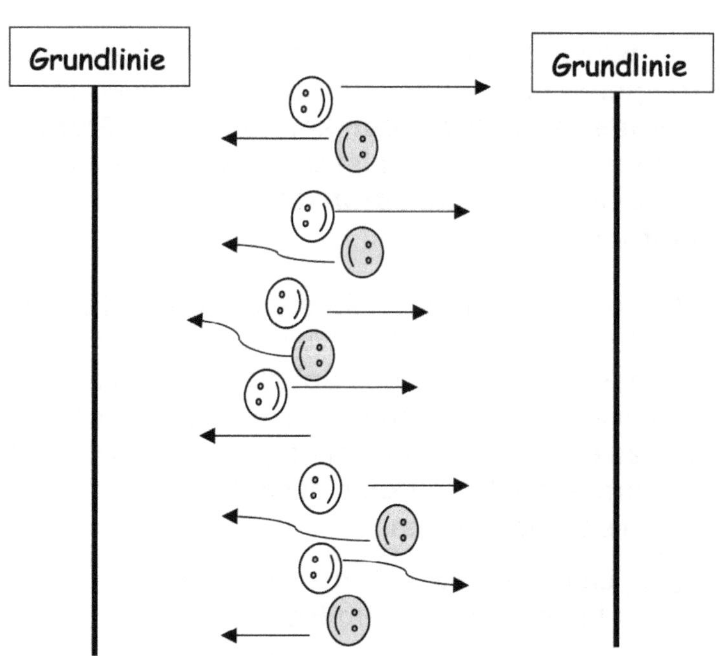

KOHL VERLAG Leichtathletik für Kinder & Jugendliche Grundschule – Bestell-Nr. 12 344

➔ **Nummernwettlauf:** Die Klasse wird in zwei oder drei anzahlmäßig gleich große Gruppen aufgeteilt, die sich hintereinander in die ausgelegten Reifen (Sprungseile, Kreidestriche, Sägemehl, Kalk) stellen. Alle Gruppen zählen durch, jeder Schüler merkt sich seine Nummer. Abstände zwischen den Reifen ca. 2 bis 3 m. Die Wendepunkte werden durch Pylone oder Fahnenstangen markiert. Der Sportlehrer ruft eine Zahl auf, z.B. „4", worauf nur die Schüler starten und um die Wette laufen, die diese Nummer erhalten haben. Es wird immer nach vorn abgelaufen (das gilt auch für die Nummer 1), dann die erste Markierung umlaufen, danach die lange Gerade zum zweiten Wendemal zurücklaufen, schnell herum und dann in den Reifen zurück. Wer zuerst wieder an seinem Platz, d.h. mit beiden Füßen im Reifen steht, hat gewonnen.

Tipp: Um die Intensität zu erhöhen, muss das Aufrufen der Zahlen schnell hintereinander erfolgen.

Wertung: Möglichst mit Gruppenwertung spielen. Jeder Teilnehmer gewinnt für seine Mannschaft je nach Einlauf: 1. Platz = 5 Punkte, 2. Platz = 3 Punkte, 3. Platz = 1 Punkt. Welche Gruppe erreicht zuerst 50 Punkte?

Variationen: aus dem Sitz starten, Slalomlauf durch die Schülerreihe

➔ **Nummernwettlauf in Gassenaufstellung:** Die Schülerpaare jeder Gruppe stehen jetzt in der Gasse mit Abstand gegenüber. Sie laufen per Handfassung durch die Gasse bis zum ersten Wendepunkt, lösen dort die Hände und laufen außen einzeln zurück zum nächsten Wendepunkt, fassen sich dort wieder an und laufen durch die Gasse zu ihren Ausgangspunkten.

Tipp: Bei dieser Spielform müssen sich die beiden Schüler immer dem Partner anpassen.

➔ **Wettlauf zu zweit mit Treffpunkt:** Der Sportlehrer wählt zunächst die laufschwächeren Schüler aus, die sich nebeneinander an der Grundlinie aufstellen. Nun beginnt der laufschwächste Schüler zu wählen. Somit ergeben sich annähernd gleichstarke Läuferpaare (darin immer ein schwacher und ein starker Läufer), die sich an den beiden Grundlinien gegenüberstehen. Auf Signal des Sportlehrers starten alle Schüler gleichzeitig.
Welches Paar trifft sich zuerst?
Laufstrecke: ca. 30 m.

Hinweis: Natürlich kann auch der Sportlehrer die Läuferpaare entsprechend zusammenstellen.

KOHL VERLAG Leichtathletik für Kinder & Jugendliche Grundschule – Bestell-Nr. 12 344

➔ **Blumen und Wind:** Die Schüler der Fangpartei (der Wind) stehen hinter der Grundlinie des Spielfeldes, auf der anderen Seite der Gasse (2 bis 3 m) stehen die Schüler der Laufpartei (die Blumen). Immer nur ein "Blumenschüler" fordert den Wind auf, seinen Blumennamen zu erraten. Bei richtiger Antwort läuft diese Blume fort, während der Wind versucht, sie vor der gegenüberliegenden Grundlinie abzuschlagen. Wieviel Abschläge sind erreicht worden? Danach erfolgt Rollentausch.
Laufstrecke: ca. 20-30 m

6.3 Starten vorbereiten: Hochstart – Fallstart – Kauerstart – Tiefstart

Beim Start kommt es auf eine schnelle Reaktion und das Umsetzen in die Laufbewegung an. Schüler in der Grundschule lernen unterschiedliche Startformen und das dazu gehörige Startkommando kennen.
Die Startform kann bei jedem Schüler unterschiedlich aussehen. Es gibt Untersuchungen, dass Grundschüler teilweise mit einem Hochstart bessere Laufleistungen erreichen als mit dem technisch schwierigeren Tiefstart. Nach dem Kennenlernen und Erproben der Startformen Fallstart, Hochstart, Kauerstart und Tiefstart sollte es der Sportlehrer jedem Schüler freistellen, wie er startet.
Entscheidend ist immer, wie gelingt mir (dem einzelnen Schüler) der Start am besten?

Bei den folgenden Übungsformen wird immer auch das Startkommando einbezogen, dadurch gewöhnen sich die Schüler an den formalen Ablauf. Die Effektivität des Starts wird auch von der Umsetzung der folgenden Elemente bestimmt.

- **„Auf die Plätze“:** Die Schüler gehen an die Startlinie, nehmen die entsprechende Position ein und konzentrieren sich.
- **„Fertig“:** Die Schüler verlagern ihren Körper in die optimale Stellung für den folgenden Start.
- **„Los“:** (Akkustisches Signal mit Starterklappe) – die Schüler reagieren blitzschnell und laufen mit hoher Schrittfrequenz ab, um eine hohe Beschleunigung zu erreichen.

➔ **Fallstart mit paralleler Fußstellung:** Beim Kommando „Auf die Plätze“ stellen sich die Schüler nebeneinander an der Startlinie auf. Beim Kommando „Fertig“ gehen sie etwas in die Vorlage, und beim Kommando „Los“ lassen sie sich nach vorn fallen, sodass die Füße zum Ausgleich schnell nach vorn antreten müssen.

Hinweise: Der energische Armeinsatz unterstützt das schnelle kräftige Antreten. Um eine echte Startsituation entstehen zu lassen, wird nach ca. 20 – 30 m das Ziel mit Pylonen markiert. 3 – 5mal wiederholen.

Leichtathletik für Kinder & Jugendliche Grundschule – Bestell-Nr. 12 344
KOHL VERLAG

➔ **Fallstart aus Schrittstellung:** Beim Kommando „Auf die Plätze“ stellen sich die Schüler nebeneinander an der Startlinie auf: Das Sprungbein steht vorn, das hintere Bein wird ca. zwei Fußlängen hinter der Ferse des vorderen Fußes aufgesetzt. Beim Kommando „Fertig“ verlagern sie den Rumpf etwas in die Vorlage, und beim Kommando „Los“ lassen sie sich nach vorn fallen, sodass die Füße zum Ausgleich schnell nach vorn antreten müssen.

Hinweise: Der energische Armeinsatz unterstützt das schnelle kräftige Antreten. Streckenlänge ca. 20-30 m, das Ziel wird durch Pylone markiert, 3-5mal wiederholen. Zwischendurch immer wieder Pausen einfügen, damit die Schüler wieder mit vollem Einsatz laufen können.

Diese Hinweise gelten auch für die folgenden Startübungen.

➔ **Start aus der Kauerstellung:** Beim Kommando „Auf die Plätze“ stellen sich die Schüler aufrecht nebeneinander an der Startlinie auf. Sprungbein vorn, das hintere Bein ist ca. zwei Fußlängen hinter der Ferse des vorderen Fußes. Erst beim Kommando „Fertig“ gehen die Schüler in die Kauerstellung, d.h. den Oberkörper nach vorn beugen und mit den Fingerspitzen den Boden berühren. Beim Kommando „Los“ sprinten die Schüler in gewohnter Weise dem Ziel entgegen.

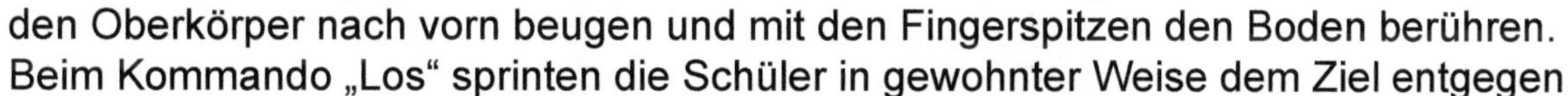

Hinweis: Der Sportlehrer gestaltet den Übergang zwischen „Fertig“ und „Los“ ohne Verzögerung, damit die Schüler nicht zu lange in der Kauerstellung bleiben müssen.

Variation: Wie vorher, aber der Partner gibt Starthilfe: Der übende Schüler stellt das kräftigere Bein (Sprungbein) gegen den Fuß des dahinterstehenden Partners, sodass der Übende einen guten Widerstand zum Ablauf hat.

➔ **Tiefstart mit Sprint:**

– Bei „**Auf die Plätze**“ nehmen die Schüler die Tiefstartstellung ein: Der Schüler tritt zunächst vor die Startblöcke und stützt sich mit den Händen wie beim Liegestütz vorlings ab. Danach setzt er den Fuß des Sprungbeines gegen den vorderen Startblock und danach den Fuß des anderen Beines gegen den hinteren Startblock. Das Knie des hinteren Beines stützt auf den Boden. Anschließend werden beide Hände schulterbreit mit abgespreizten Daumen und Zeigefingern unmittelbar hinter (an) der Startlinie aufgesetzt (Arme gestreckt, Kopfhaltung normal, Blick nach unten).

– „**Fertig**“: Der Schüler hebt das Becken, indem er das Knie des hinteren Beines vom Boden hebt (Gesäß etwas über Kopfhöhe, Rücken steigt nach hinten an) und den Körper so weit nach vorn schiebt, bis die Arme schon nicht mehr ganz senkrecht sind! Das Körpergewicht liegt jetzt auf den Händen und Fingerspitzen, der Kopf bleibt in der natürlichen Lage (nicht zum Ziel blicken).

– **„Los“ oder Signal der Starterklappe:**
Nun kommt es darauf an, ohne Verzögerung zu starten, hierbei spielt natürlich auch immer die persönliche Reaktionszeit eine große Rolle. Zunächst lösen sich beide Hände vom Boden. Kurz vor dem Abheben der Hände setzt das hintere Bein mit dem Abdruck vom Block ein und versucht unter kraftvoller Armarbeit schnell wieder Boden zu fassen. Das vordere Bein (Sprungbein) beginnt unmittelbar nach dem hinteren Bein mit dem Abdruck (löst sich nach vollkommener Streckung vom Block).

Startstellung:
Bei Grundschulkindern sollte mit einer engen bis mittleren Startstellung geübt werden:

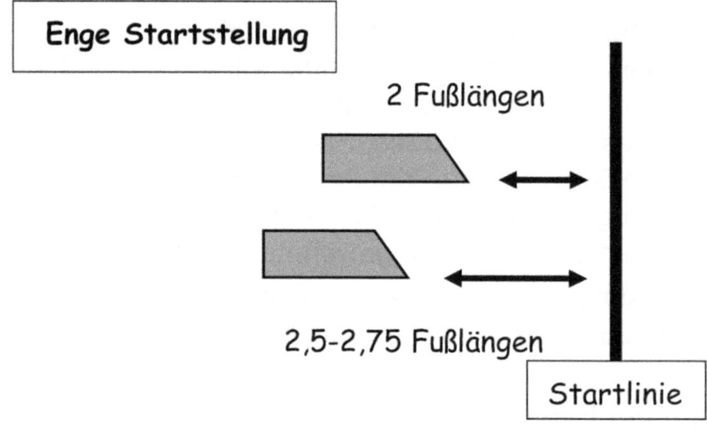

Tiefstart üben und anwenden:
Nachdem die Grobform des Tiefstarts erlernt worden ist, muss das Erlernte in kindgerechten und angemessenen Wettkampfformen geübt und angewendet werden.

➔ **Sprintermehrkampf:** Es werden drei gleichstarke Gruppen gebildet. Der erste Schüler jeder Gruppe geht an die Startlinie und nimmt die Tiefstartstellung ein. Jeder Teilnehmer gewinnt für seine Mannschaft je nach Einlauf: 1. Platz = 5 Punkte, 2. Platz = 3 Punkte, 3. Platz = 1 Punkt. Danach kommen die zweiten Schüler jeder Riege dran. So geht es immer weiter, bis alle einmal gelaufen sind. Welche Gruppe hat zum Schluss die meisten Punkte?

Um jedes Rennen offen zu gestalten, startet beim zweiten Durchgang der Erste des vorherigen Laufes einen Meter hinter der Startlinie, der Zweite an der Startlinie und der Dritte einen Meter vor der Startlinie. So muss auch der leistungsstärkere Schüler wieder „voll" laufen, der leistungsschwächere Schüler bekommt dadurch seine Chance. Welche Gruppe hat jetzt die meisten Punkte?

Variation: Beim nächsten Durchgang kann jeder Schüler die Startstellung frei wählen: Hochstart, Kauerstart oder Tiefstart.

KOHL VERLAG Leichtathletik für Kinder & Jugendliche Grundschule – Bestell-Nr. 12 344

➔ **Wettlauf zu zweit bis zum Treffen mit Tiefstart:**
Der Sportlehrer stellt die Läuferpaare zusammen: Ein schwächerer und ein laufstarker Schüler bilden ein Paar und gehen gegenüber an den Grundlinien der Sprintstrecke (30 m) in die Tiefstartstellung. Auf Pfiff laufen alle Läuferpaare los – welches Paar trifft sich zuerst?

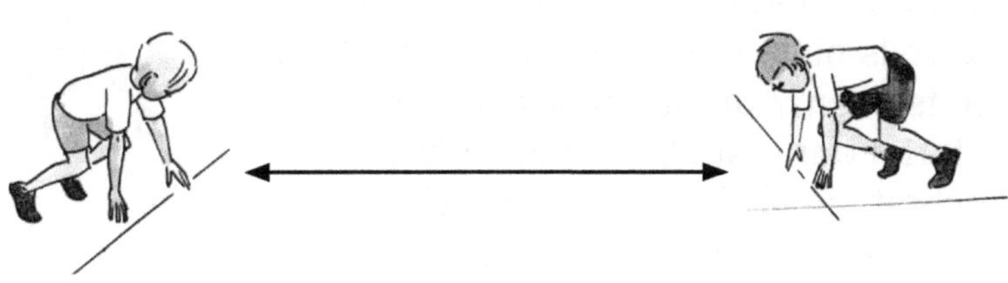

Variationen: neue Paare zusammenstellen oder Sprintstrecke verlängern

➔ **Staffelstartwettlauf:** Es werden immer Gruppen von vier Schülern gebildet. Auf der 100 m Bahn werden Strecken von 25 m durch Pylone markiert. Die erste Linie ist die Startlinie, die letzte die Ziellinie. Die Schüler der jeweiligen Gruppen gehen an den einzelnen Ablauflinien in die Tiefstartstellung. Auf Signal des Sportlehrers sprinten die Startläufer. Wenn sie die Linie Nr. 2 erreicht haben, tippen sie diesen leicht auf die Schulter, damit der nächste Start erfolgen kann. Welche Gruppe überläuft mit ihrem Schlussläufer zuerst die Ziellinie?

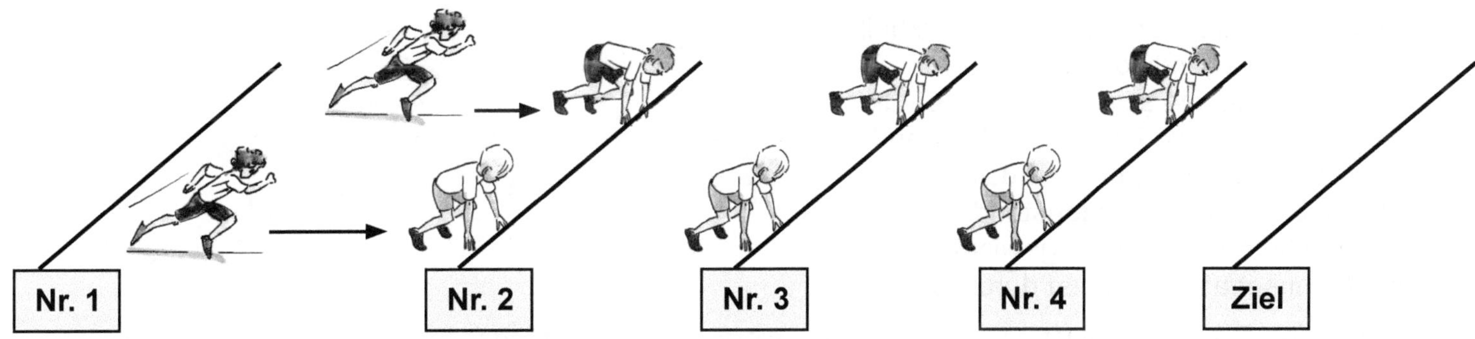

6.4 Staffelläufe: Pendel-/Umkehr-/Zubringer-/Austauschstaffel

Staffeln sind bei Schülern beliebt und oft der Höhepunkt der Sportstunde. Staffeln motivieren die Schüler zu hoher Anstrengungs- und Leistungsbereitschaft.
Die Stabübergabe ist das Besondere der leichtathletischen Staffeln. Bei den Staffeln für Schüler in der Grundschule findet zwar auch immer eine Stabübergabe (Übergabe anderer Geräte) statt, die Spezifik der Stabübergabe steht aber nicht im Vordergrund.

➔ **Pendelstaffel in Doppelreihe:** Innerhalb jeder Gruppe bilden die Schüler Paare, die beiden Schüler fassen zusammen einen Gymnastikstab an den Enden. Auf Signal des Sportlehrers starten die ersten Paare und laufen mit Stabfassung zur anderen Seite. Dort übergeben sie den Gymnastikstab an das nächste Paar. Welche Gruppe ist zuerst durch?

Hinweis: Diese Staffel eignet sich gut für die 1./2. Klasse, um das Prinzip der Pendelstaffel zu veranschaulichen.

Leichtathletik für Kinder & Jugendliche Grundschule – Bestell-Nr. 12 344
KOHL VERLAG

6 Laufen

➔ **Zubringerstaffel:** Es werden zwei oder drei Gruppen gebildet, die sich jeweils hintereinander an der Startlinie aufstellen. Auf Signal des Sportlehrers startet der erste Läufer jeder Mannschaft, umläuft das Wendemal und kehrt zu seiner Mannschaft zurück. Er fasst den Läufer Nr. 2 an der Hand und läuft mit ihm bis zum Wendemal. Hier bleibt nun der Läufer Nr. 1 stehen, während der Läufer Nr. 2 zurückläuft, um Nr. 3 abzuholen und dann auch am Wendemal zu bleiben. Welche Mannschaft steht zuerst auf der anderen Seite?

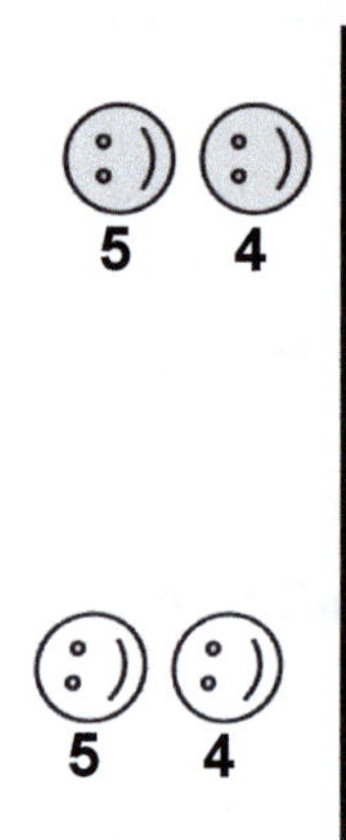

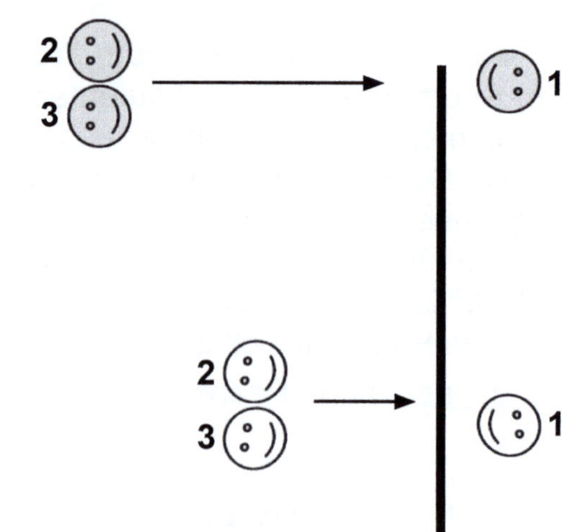

➔ **Austauschstaffel:** Die Gruppen teilen sich und stehen zur Hälfte gegenüber. Die ersten Läufer jeder Seite starten auf Signal gleichzeitig. Sie tragen unterschiedliche Geräte, z.B. die Schüler von rechts Medizinball und Stab; die Läufer von links Gymnastikball und Reifen; irgendwo auf der Laufstrecke treffen sie sich und tauschen die Gegenstände aus, laufen anschließend zu ihrem Ausgangspunkt zurück und übergeben dort die Gegenstände an den nächsten Spieler. Es gewinnt die Mannschaft, die zuerst durch ist.

Hinweise: Diese Staffel ist pädagogisch sehr wertvoll, weil leistungsschwächere und leistungsstärkere Schüler sich gegenseitg ergänzen. Die Laufstrecke darf nicht zu kurz sein, um das Treffen im mittleren Feld zu ermöglichen.

➔ **Pendelstaffel:** Die Klasse wird in zwei oder drei gleichstarke Gruppen aufgeteilt (6-8 Schüler in jeder Gruppe sind ideal). Die beiden Hälften jeder Gruppe stehen sich gegenüber – Abstand ca. 20-30 m. Auf Signal des Sportlehrers läuft der Schüler Nr. 1 los und übergibt den Staffelstab von vorn an den wartenden Läufer Nr. 2 auf der gegenüberliegenden Seite. Wer gelaufen ist, reiht sich hinten an. So pendelt der Stab zwischen den beiden Hälften der Mannschaft hin und her, bis jeder Spieler einmal gelaufen ist. Es gewinnt die Mannschaft, die mit ihrem letzten Läufer zuerst die Start-/Ziellinie überläuft.

Variation: die Laufstrecke auf 40-50 m erweitern.

Hinweis: Bei Stabübergabe hält der übernehmende Läufer seinen Arm/seine Hand außen um die Fahnenstange und läuft dann nach innen los, so kann der stabübergebende Läufer ohne Probleme vorbeilaufen.

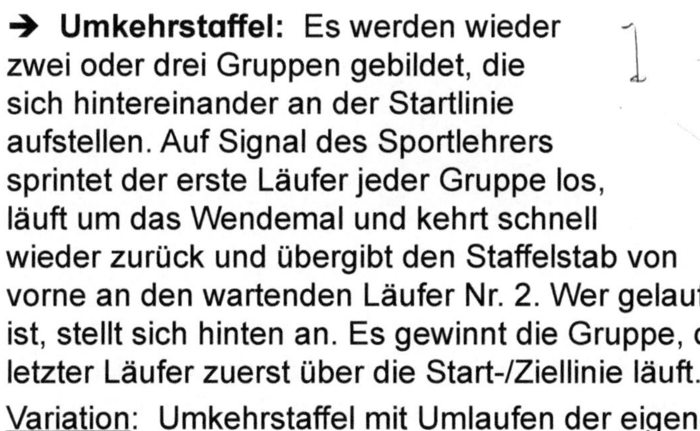

➔ **Umkehrstaffel:** Es werden wieder zwei oder drei Gruppen gebildet, die sich hintereinander an der Startlinie aufstellen. Auf Signal des Sportlehrers sprintet der erste Läufer jeder Gruppe los, läuft um das Wendemal und kehrt schnell wieder zurück und übergibt den Staffelstab von vorne an den wartenden Läufer Nr. 2. Wer gelaufen ist, stellt sich hinten an. Es gewinnt die Gruppe, deren letzter Läufer zuerst über die Start-/Ziellinie läuft.

Variation: Umkehrstaffel mit Umlaufen der eigenen Mannschaft.

6.5 Ausdauerläufe: Linienläufe – Viereckläufe – Minutenläufe

Die systematische Schulung der allgemeinen Ausdauer ist ein wichtiges Ziel des Sportunterrichts in der Grundschule. **Auch Kinder können ausdauernd laufen!**
Ausdauerndes Laufen hat einen hohen Freizeitwert, weil man in jedem Alter ausdauernd laufen kann, wenn es entsprechend dosiert und allmählich vorbereitet wird.

Erwartete Kompetenzen für Schülerinnen und Schüler am Ende des 4. Schuljahrgangs:
– mindestens 20 Minuten ausdauernd laufen. [4]
Obwohl die Vervollkommnung der allgemeinen Ausdauer als sehr wichtig angesehen wird, kann man häufig feststellen, dass Schüler aber auch Sportlehrer ein gespaltenes Verhältnis zum Dauerlaufen haben. Schüler nehmen oft eine ablehnende Haltung gegenüber der Ausdauerschulung an. Liegt es evtl. an der Gleichförmigkeit und Eintönigkeit, mit der solche Läufe durchgeführt werden?

Der Sportlehrer sollte immer entwicklungsgemäße Leistungsziele wählen, z.B.
- ✓ **„länger" einfach ohne Pause laufen – 5 min – 10 min – 15 min oder**
- ✓ **„weiter" laufen – 600 m = 1½ Runden auf dem Sportplatz – 2 Runden = 800 m – 2½ Runden = 1.000 m usw.**

Im Folgenden werden einige abwechslungsreiche Beispiele genannt, um das Interesse der Schüler an der Ausdauerschulung zu wecken bzw. zu erhalten.

Ausdauertraining ist ein komplexer physiologischer und psychologischer Prozess, der sich über die gesamte Schulzeit erstreckt. [5]

[4] *Nieders. Kultusministerium: Kerncurriculum für die Grundschule – Schuljahrgänge 1 – Sport S.16*

[5] *Kern, U./Söll, W.: Praxis und Methodik der Schulsportarten, S. 159*

➔ Linienlauf

Alle Schüler stellen sich an der Grundlinie nebeneinander auf – vor ihnen liegt ein Tau, der Sportlehrer reiht sich mittig ein. Auf sein Kommando nehmen die Schüler das Tau auf, sodass es sich vor dem Körper (vor dem Bauch) befindet. Gemeinsamer langsamer Lauf bis zur ersten Linie, dort das Tau auf die Linie legen, darüber steigen, sich umdrehen und das Tau wieder aufnehmen und zur Grundlinie zurücklaufen. Das Tau auf die Grundlinie legen, darüber steigen und nun gemeinsam zur zweiten Linie laufen usw.

Hinweise: Die Schüler werden unter Führung des Sportlehrers auf eine etwas längere Laufbelastung „eingestimmt". Es wird langsam und gleichmäßig gelaufen, und alle Schüler befinden sich auf einer Linie.

Auf dem Sportplatz müssen die Linien durch Pylone markiert werden.

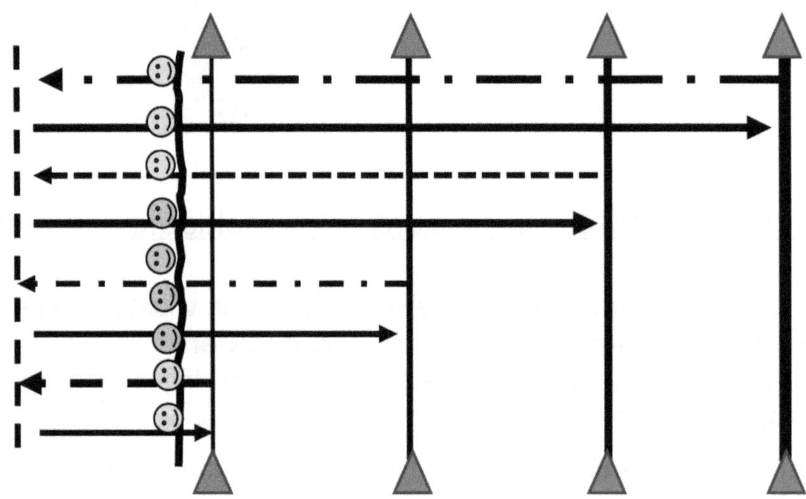

➔ Vierecklauf = Zeitgefühlschulung

Seitenlänge des Quadrats ca. 50 m. Die Ecken des Vierecks werden durch Pylone/Fahnenstangen markiert. An jedem Eckpunkt steht eine Gruppe von Schülern. Auf Signal des Sportlehrers laufen alle langsam los.

Nach 15 Sekunden gibt der Sportlehrer das nächste Signal, dann muss der nächste Eckpunkt (Pylone) erreicht sein. Eine Runde von 200 m wird also in 60 Sekunden durchlaufen.

Hinweise: Durch die Zeitvorgabe kann der Übungsleiter das Tempo steuern, bei den Kindern entwickelt sich so ein erstes Zeitgefühl. Später kann die Zeit z.B. auf 12 Sekunden verringert werden.

Variation: Das Signal des Sportlehrers ertönt erst nach 30 Sekunden, dann muss der übernächste Eckpunkt erreicht sein. Das Signal ertönt erst nach 60 Sekunden, dann muss jede Gruppe wieder ihren Ausgangspunkt erreicht haben.

KOHL VERLAG Leichtathletik für Kinder & Jugendliche Grundschule – Bestell-Nr. 12 344

6 Laufen

➔ Minutenläufe

Jeder Schüler läuft so viele Minuten wie er alt ist. Um das langsame und ausdauernde Laufen zu schulen, gibt der Sportlehrer die Anweisung: **„Jeder läuft so schnell wie er kann, und so langsam wie er muss. Keiner bleibt stehen oder fängt an zu gehen.“**

Hinweis: „Wer eine Pause machen oder gehen muss, ist zu schnell gelaufen!“

➔ Lauf im nahe gelegenen Park

Die jeweiligen Möglichkeiten nutzen: Im Slalom um eine Baumreihe laufen – leichte Sprünge nach über Kopf befindlichen Zweige ausführen – langsames Laufen auf unterschiedlichen Bodenverhältnissen nutzen (asphaltierter Weg, Wiesen- und Rasenstück, nicht befestigter Parkweg) – Sprünge über einen neben dem Weg liegenden Graben usw.

➔ Hindernislauf auf dem Sportplatz

Unter Einbeziehung der jeweiligen Gegebenheiten lässt sich schnell ein abwechslungsreicher Hindernislauf auf dem Sportgelände gestalten. Die Streckenlänge kann durch Veränderung der Abstände zwischen den Geräten erweitert oder reduziert werden.

Aufgabe: „Lauft so, dass ihr keine Pause machen müsst!“ Zunächst mit einer Runde beginnen, dann auf 2 bis 3 Runden steigern.

Hinweis: Das hier genannte Beispiel muss natürlich für die jeweiligen Gegebenheiten modifiziert bzw. ergänzt werden, evtl. können auch die Weitsprunggrube, die Treppen im Stadion usw. einbezogen werden.

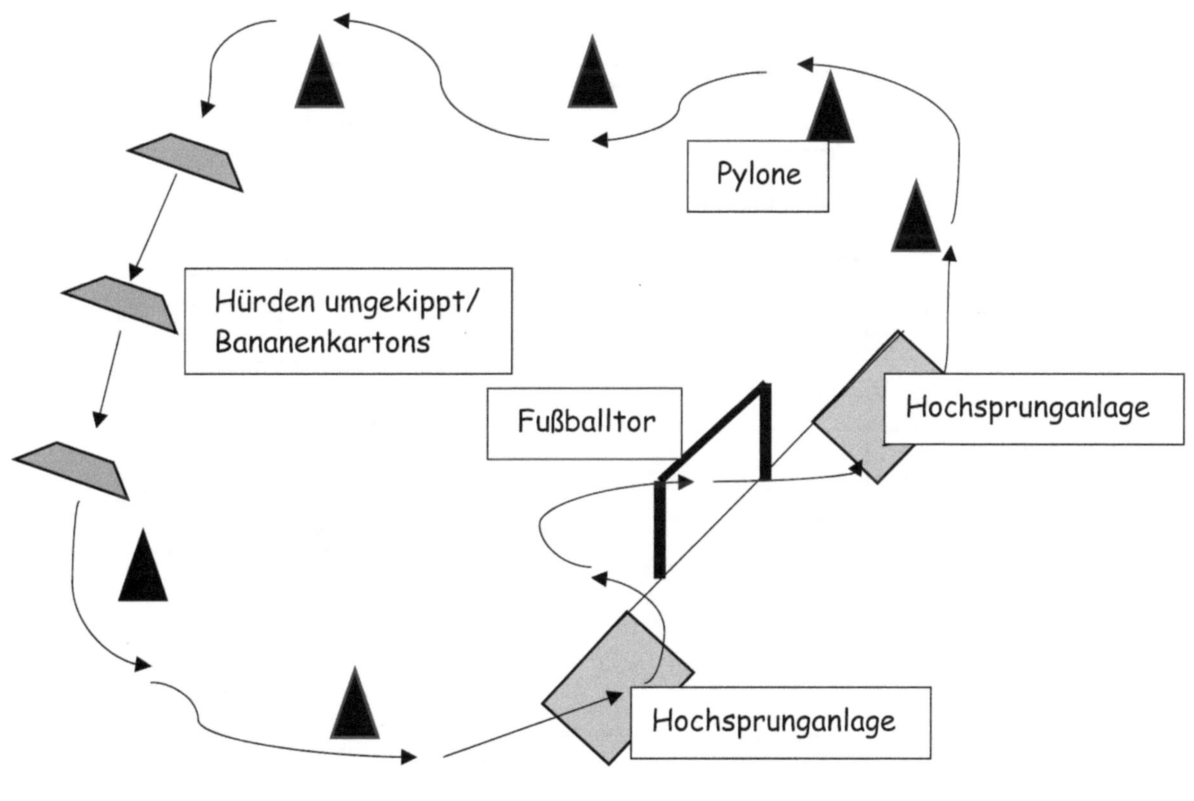

Leichtathletik für Kinder & Jugendliche
Grundschule – Bestell-Nr. 12 344

➔ 3-Minuten-Lauf (1.-2. Klasse) über Hindernisse in der Sporthalle

Die Schüler verteilen sich in kleinen Gruppen an den im Oval aufgebauten Geräten. Langsamer Lauf (möglichst) ohne Pausen über die Geräte. Der Start erfolgt auf Signal des Sportlehrers, der auch zwischendurch die vollen (halben) Minuten angibt, damit sich die Schüler den Lauf einteilen können und informiert sind.

Variationen:

– Die Schüler bilden Paare. Schüler A geht in den Parcours und läuft, Schüler B steht außerhalb und zählt die überlaufenen Geräte seines Partners. Nach 3 min erfolgt Rollentausch.

– die Belastungszeit auf 4 min erhöhen

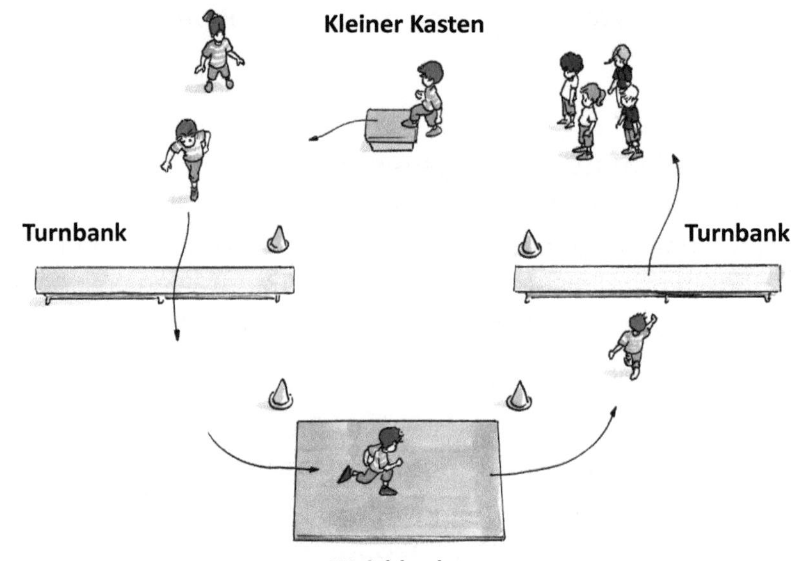

➔ 4/5-Minuten-Lauf (3.-4. Klasse) über Hindernisse in der Sporthalle

Die Anzahl der Stationen wird erhöht und manche Geräte werden kombiniert (Kastentreppe) – Lauf über die Kastentreppe, die Weichböden und die Turnbänke.

Ablauf wie unter 3-Minuten-Lauf beschrieben.

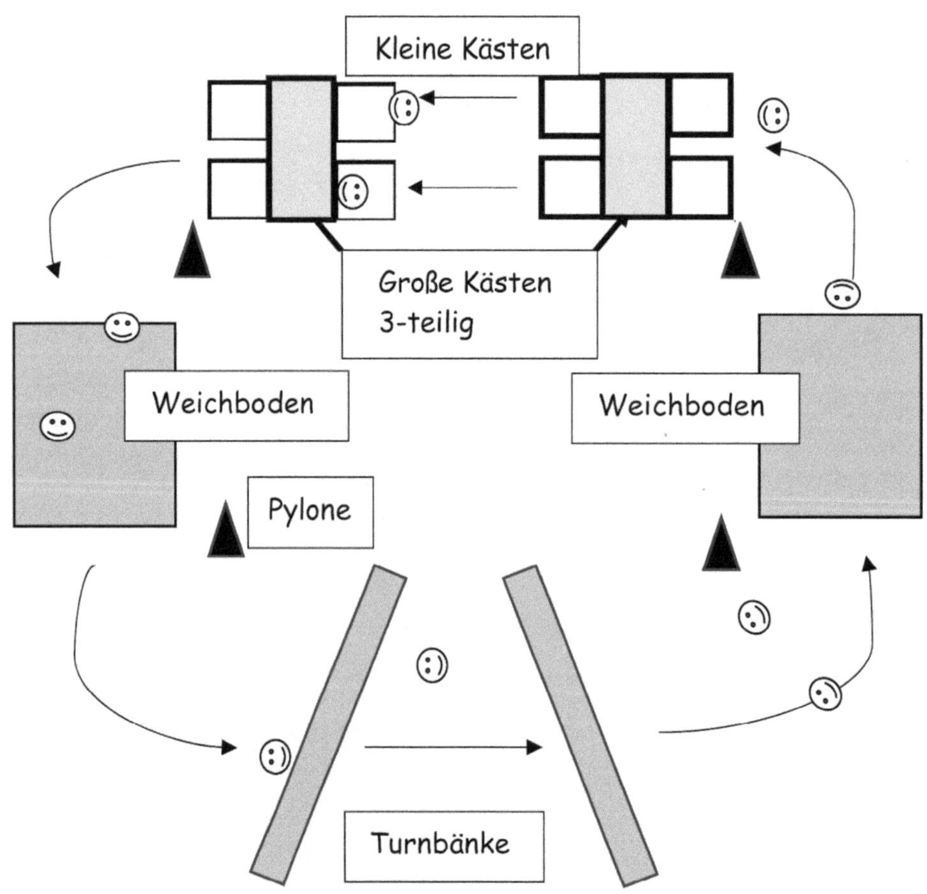

7 Springen

Kinder sind hoch motiviert, wenn es darum geht „weit“ oder „hoch“ zu springen, weil das kurzfristige Fliegen ein tolles Bewegungserlebnis darstellt und interessante Bewegungserfahrungen zulässt.

Kinder wollen springen, wollen wissen, wie weit oder wie hoch sie springen können. Grundsätzlich kommt das Springen über natürliche oder im Sportunterricht gestaltete Hindernisse bei den Schülern gut an.

Das Springen ist eine Bewegungsform, die von den Kindern in dieser Entwicklungsetappe zwar gern, jedoch nicht annähernd so häufig wie das Laufen betrieben wird.

Vor allem dem Stadtkind mangelt es an entsprechenden Möglichkeiten. Zwar werden Anregungen zum Tiefsprung von zum Teil schon beträchtlicher Höhe genutzt, jedoch fehlen zunächst entsprechende andere Gelegenheiten zur spielerischen Übung und Selbstbetätigung im Weit- und besonders im Hochsprung.[1]

Erste einfache Formen des Springens kennen die Kinder aus ihrem individuellen Alltag, z.B. eine Pfütze überspringen oder einen kleinen Graben überwinden.
In der Vorbereitung ist es wichtig, an den schon gemachten Bewegungserfahrungen der Schüler anzuknüpfen und darauf aufzubauen, das gilt gleichermaßen für das Weit- und Hochspringen.

Schüler sollten vielfältige Sprungerfahrungen machen bzw. im Sportunterricht vermittelt bekommen, bevor mit dem zielgerichteten Lernen und Üben einer Weitsprung- bzw. Hochsprungtechnik begonnen wird.

Die Übersicht veranschaulicht auf einen Blick die Hauptbestandteile des leichtathletischen Springens mit Kindern im Grundschulalter und macht deutlich, dass zunächst *kleine Spiele* und ein großes Angebot von Übungsformen mit dem Schwerpunkt *Hüpfen und Springen* im Mittelpunkt stehen, um vielfältige Sprungerfahrungen/Sprungerlebnisse für das *Weit-* und *Hochspringen* zu ermöglichen.

Auf dieser Grundlage folgen zielgerichtete Übungsformen, um das *weit* und *hoch* Springen vorzubereiten, wobei die Erhöhung der Absprungposition in Form von Sprungbrettern, Kastendeckeln, kleinen Kästen, oder an einer Kastentreppe für intensivere Sprung- und Flugerlebnisse sorgt – **es bleibt mehr Zeit für die Ausführung der Fluggestalt**!

Weit Springen: Im 3./4. Schuljahr sollten die Schüler über eine methodische Übungsreihe an die **Schrittweitsprungtechnik** herangeführt werden, obwohl die Erfahrung zeigt, dass manche Schüler nicht über den Hocksprung hinauskommen.

Hoch Springen: Um allen Schülern die Möglichkeit zu geben, *hoch* zu springen, steht zunächst der **Schersprung** im Vordergrund. Erfahrungsgemäß beherrschen viele Mädchen den Schersprung schon in der Grobform und erzielen damit auch gute Ergebnisse. Darauf aufbauend geht es dann an die Vermittlung des **Flops** über eine ausgewählte methodische Übungsreihe.

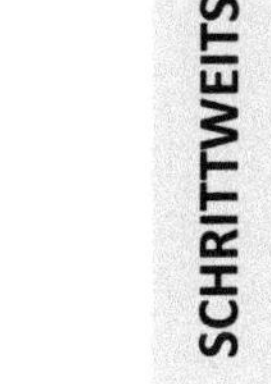

Leichtathletik für Kinder & Jugendliche
Grundschule – Bestell-Nr. 12 344

[1] *Meinel K./Schnabel G.: Bewegungslehre – Sportmotorik S. 284*

7 Springen

Hauptbestandteile des leichtathletischen Springens mit Kindern im Grundschulalter

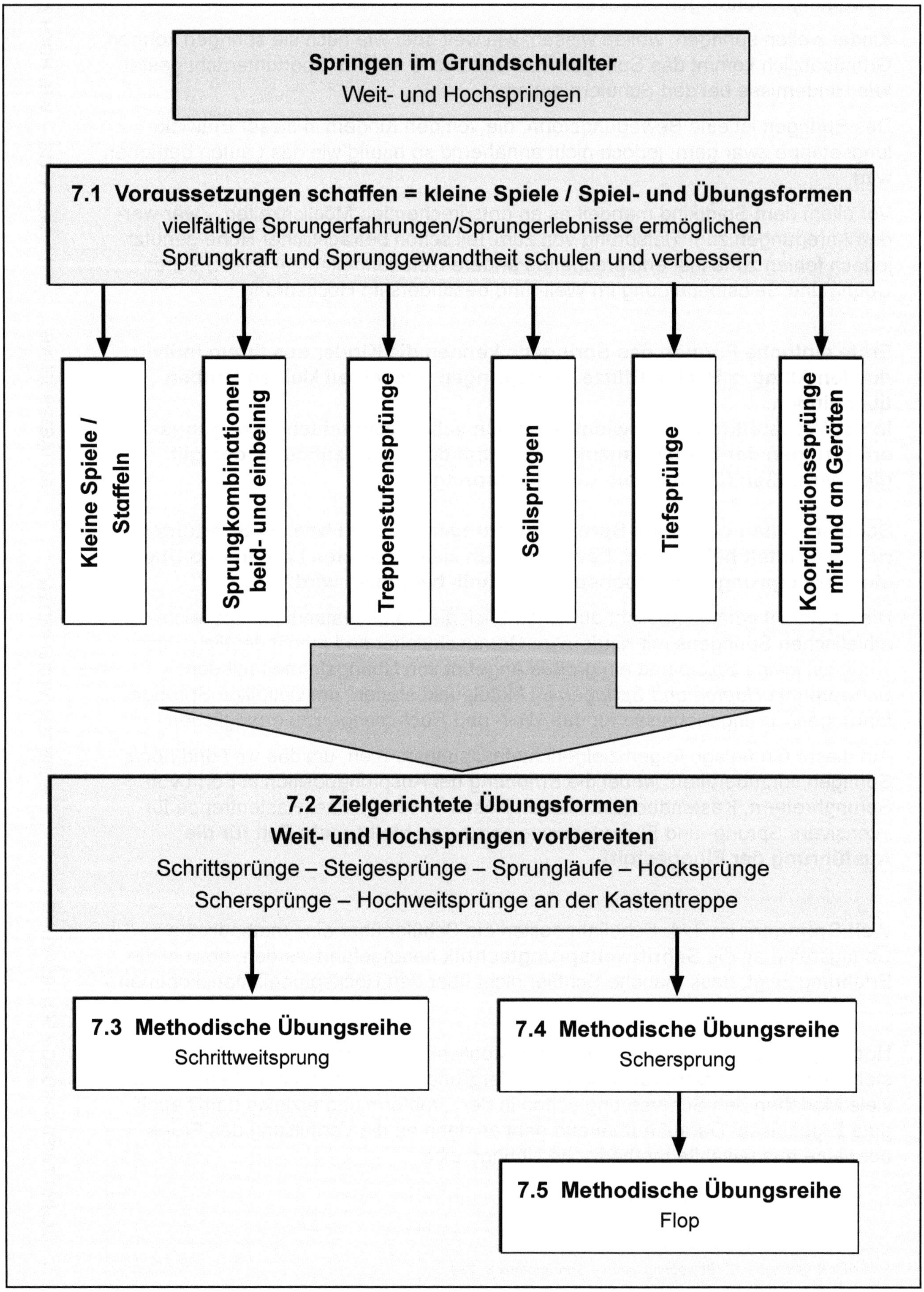

Springen im Grundschulalter
Weit- und Hochspringen

7.1 Voraussetzungen schaffen = kleine Spiele / Spiel- und Übungsformen
vielfältige Sprungerfahrungen/Sprungerlebnisse ermöglichen
Sprungkraft und Sprunggewandtheit schulen und verbessern

- **Kleine Spiele / Staffeln**
- **Sprungkombinationen beid- und einbeinig**
- **Treppenstufensprünge**
- **Seilspringen**
- **Tiefsprünge**
- **Koordinationssprünge mit und an Geräten**

7.2 Zielgerichtete Übungsformen
Weit- und Hochspringen vorbereiten
Schrittsprünge – Steigesprünge – Sprungläufe – Hocksprünge
Schersprünge – Hochweitsprünge an der Kastentreppe

7.3 Methodische Übungsreihe
Schrittweitsprung

7.4 Methodische Übungsreihe
Schersprung

7.5 Methodische Übungsreihe
Flop

KOHL VERLAG Leichtathletik für Kinder & Jugendliche Grundschule – Bestell-Nr. 12 344

7 Springen

7.1 Voraussetzungen schaffen: Kleine Spiele / Spiel- und Übungsformen

Aus der Vielzahl möglicher *kleiner Spiele* mit dem Schwerpunkt *Hüpfen* und *Springen* wird hier eine Auswahl angeboten, die dem Sportlehrer Möglichkeiten bietet, für seine Klasse/ Gruppe das entsprechende Angebot zusammenzustellen, wobei manchmal aufgrund der örtlichen Gegebenheiten verändert und modifiziert werden muss.
Wichtig ist, dass vielfältige Sprungerfahrungen vermittelt werden und die *kleinen Spiele* bzw. die Spiel- und Übungsformen ohne großen Aufwand sofort umsetzbar sind.

Zur besseren Übersicht sind die Spiel- und Übungsformen immer einem Schwerpunkt zugeordnet, z.B. Hüpfen/Springen beid- und einbeinig, Tiefsprünge, usw.

➔ **Kleine Spiele / Staffeln:**

	**Freier Reifen:** Innenstirnkreis – ein Schüler verlässt seinen Kreis und geht in die Mitte. Sofort wird sein Platz durch Hüpfer vom Nachbarn besetzt. Alle Schüler versuchen durch ständiges Nachhüpfen den freien Mitspieler daran zu hindern, wieder einen freien Kreis zu finden. **Einbeinfangen:** Alle Schüler müssen sich hüpfend auf einem Bein fortbewegen. Der Fänger ist durch ein Parteiband gekennzeichnet, das er beim erfolgreichen Abschlag dem neuen Fänger übergibt.
	**Grabenfangen:** Dieses Fangspiel ist gut im Gelände und auf dem Sportplatz möglich. Ein kleiner Zaun oder Graben, kleine Hecke etc. sind nötig, damit die Schüler darüber springen können. Der Fänger steht zu Beginn des Spiels auf der einen Seite, die Läufer auf der anderen Seite. Der Fänger darf einen Läufer aber nur abschlagen, wenn beide auf derselben Seite stehen. Es wird also ständig hin und her gesprungen. Tipp: Man kann auch einen „Graben" auf der Rasenfläche durch Pylone markieren.
	**Gruppenhüpfen:** Hüpfen auf einem Bein in Reihe um ein Wendemal. Der Hintermann fasst dem jeweiligen Vordermann mit der linken Hand auf die linke Schulter, mit der rechten Hand fasst er seinen eigenen angehobenen rechten Fuß, sodass jeder Schüler auf dem linken Fuß vorwärts hüpfen muss. Welche Gruppe erreicht zuerst wieder die Ausgangslinie? Anschließend Beinwechsel vornehmen.

KOHL VERLAG Leichtathletik für Kinder & Jugendliche Grundschule – Bestell-Nr. 12 344

7 Springen

	Hüpfender Kreis: Die Schüler bilden einen Innenstirnkreis. In der Mitte des Kreises steht der Sportlehrer (ein Schüler) und schwingt das Seil so, dass das mit einem Tennisring beschwerte Ende über den Boden schleift oder soeben über dem Boden schwingt. Die im Kreis stehenden Schüler müssen aufpassen und über das Seil hüpfen. Wer vom Seil/Tennisring berührt wird, erhält einen Minuspunkt. Welcher Schüler hat nach etlichen Durchgängen die wenigsten Minuspunkte?
	**Wettwanderspringen:** Es werden 2 bis 3 Gruppen gebildet, die sich nebeneinander aufstellen. Der erste Schüler jeder Gruppe beginnt mit seinem Schlussweitsprung. Der zweite Schüler beginnt genau an der Stelle der Landung. So wird verfahren, bis jeder Schüler einmal gesprungen ist. Welche Gruppe erreicht die größte Weite?

➔ **Pendel- und Umkehrstaffel** mit speziellen Hüpf- und Sprungaufgaben, z.B. Schrittsprünge über die Kastenreihe oder Schlusssprünge über die Kastentreppe

7 Springen

➔ **Sprungkombinationen beid- und einbeinig:**

Schlusssprünge seitwärts	Schlusshüpfer vor und zurück	Quadrat hüpfen vor- und seitwärts	Beine im Wechsel grätschen und überkreuzen

➔ **Standweitsprung:** Aus der Schussstellung so weit wie möglich nach vorne springen, auch mehrere Standweitsprünge ausführen (3-5mal);

➔ **Mehrfachsprünge** auf demselben Bein (Dreierhop, Fünferhop, Zehnerhop);

➔ **Wechselsprünge** (rechts-rechts-rechts-links-links-links-rechts-rechts-rechts usw.);

➔ **Zick-Zack-Schlusssprünge** über das am Boden gerade liegende Tau;

➔ **Schlusssprünge mit Drehungen** (Vierteldrehung, halbe Drehung, ganze Drehung);

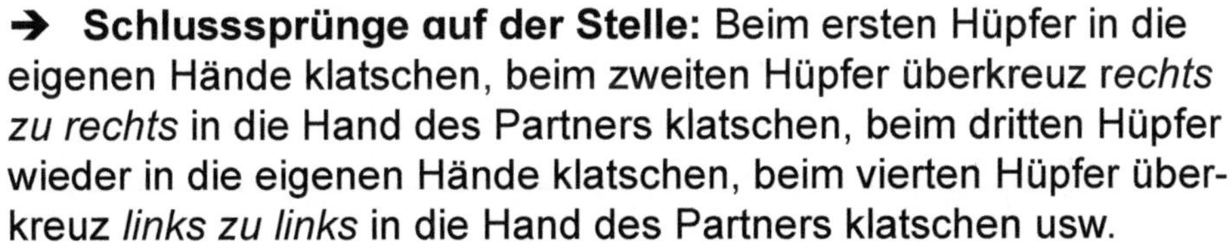

➔ **Schlusssprünge auf der Stelle:** Beim ersten Hüpfer in die eigenen Hände klatschen, beim zweiten Hüpfer überkreuz *rechts zu rechts* in die Hand des Partners klatschen, beim dritten Hüpfer wieder in die eigenen Hände klatschen, beim vierten Hüpfer überkreuz *links zu links* in die Hand des Partners klatschen usw.

– Zwei Schüler halten mit ihren Händen **zwei Stäbe** ca. 10-15 cm über dem Boden. Sie führen die Stäbe im rhythmischen Wechsel auseinander und wieder zusammen. Der dritte Schüler passt sich diesem Rhythmus an und führt Schluss- und Grätschsprünge im Wechsel aus. Rollentausch vornehmen;

➔ **Schlusssprünge an einer Kasten-Reifen-Reihe**

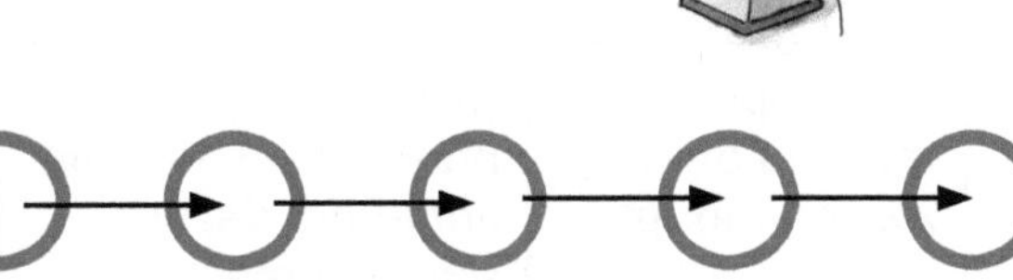

➔ **Mehrere Reifen** werden im Abstand von ca. 50 cm in Reihe hintereinander auf den Boden gelegt:
- Schlusssprünge von Reifen zu Reifen
- Einbeinsprünge von Reifen zu Reifen
- Schrittsprünge von Reifen zu Reifen

Die Anordnung der Reifen verändern, z.B.

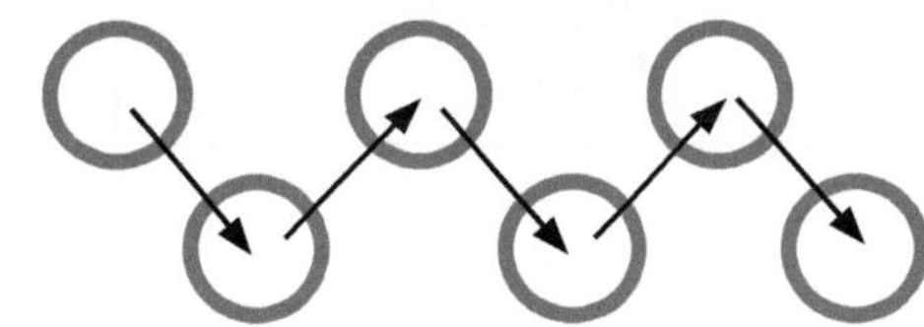

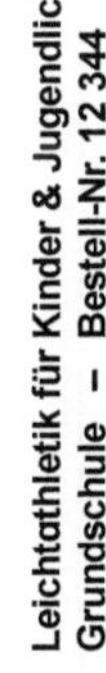

7 Springen

➔ Treppen-/Stufensprünge

	An einer natürlichen Treppe (Stadion, Parkweg)
	Schrittwechselsprünge an einer Treppenstufe oder Turnbank
	Schlusssprünge an der Kastentreppe

➔ Seilspringen

Grundsprung mit und ohne Zwischenhüpfer	Grundsprung: Im Wechsel ein Knie anheben, dazwischen immer einen Grundsprung ausführen.	Zu zweit nebeneinander: Jeder Schüler hat ein Seilende in der Hand.	Zwei Schüler schwingen das Seil. Der dritte Schüler steht in der Mitte und hüpft 10–15mal. (evtl. auch in das schwingende Seil laufen und dann springen)

KOHL VERLAG Leichtathletik für Kinder & Jugendliche Grundschule – Bestell-Nr. 12 344

7 Springen

➔ **Tiefsprünge:** Bei diesen Sprungformen besonders auf die Sicherheit und Landung achten.

Auf eine Mauer klettern und runterspringen	Schlusssprünge an der Kastentreppe mit anschließendem Niedersprung	Auf die Kante des Weichbodens klettern; aus dem Sitz oder Hockstütz nach vorn auf den Weichboden springen	An der Gitterleiter nach oben klettern und auf den Weichboden springen und sicher landen

– Hoch – tief – hoch – tief: Schlusssprünge auf den dreiteiligen großen Kasten und Niedersprung auf die Matte

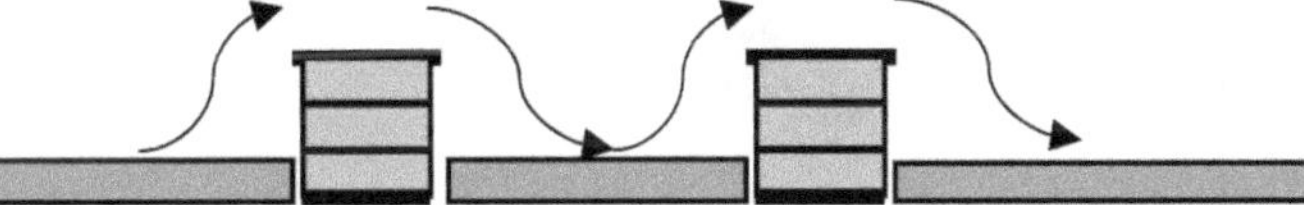

Tipp: Auch mit kleinen Kästen möglich

– Hoch – tief und weit: Schlusssprünge auf den dreiteiligen Kasten – Niedersprung auf die Matte und sofortiger Schlusssprung in die Weite auf die zweite Matte

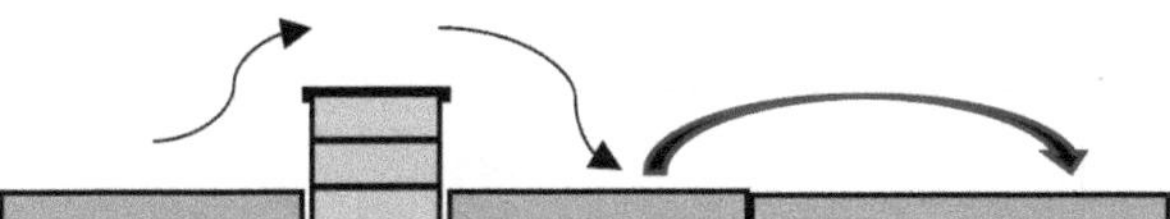

➔ **Koordinationssprünge mit und an Geräten**

	Rhythmische Schlusssprünge seitwärts über die Bank – auch in der Vorwärtsbewegung
	Hockwenden in der Vorwärtsbewegung an der Turnbank – auch ansteigend

KOHL VERLAG
Leichtathletik für Kinder & Jugendliche
Grundschule – Bestell-Nr. 12 344

7 Springen

<table>
<tr><td> </td><td>Wechsel zwischen Schluss- und Grätschsprung an Bänken</td></tr>
<tr><td> </td><td>Mit Armeinsatz und auftaktartigem Hüpfen in den Grätschstand außerhalb des Kastenteils springen, anschließend ebenso wieder hinein; jeweils 5mal hinein- und herausspringen.</td></tr>
<tr><td> </td><td>Sich seitlich neben das erste Kastenteil stellen, mit einem Schlusssprung hinein hüpfen und gleich wieder zur anderen Seite herausspringen; einen Schlusssprung nach vorn ausführen und in das nächste Kastenteil hinein hüpfen usw.</td></tr>
<tr><td> </td><td>Schlusssprünge von Kasten zu Kasten über die gewölbten Turnmatten</td></tr>
<tr><td colspan="2">mit Schlusssprüngen die Mattenzwischenräume überwinden
</td></tr>
<tr><td colspan="2">Schrittsprünge von Matte zu Matte: Damit es gelingt, müssen die Matten quer gelegt werden.
</td></tr>
<tr><td></td><td>Große Schrittsprünge von Hügel zu Hügel – möglichst ohne Zwischenschritte</td></tr>
</table>

7.2 Weit- und Hochsprung vorbereiten: Zielgerichtete Übungsformen

Die meisten der vorbereitenden Übungsformen sind gleichermaßen für den Weit- und Hochsprung einsetzbar. Im Vordergrund steht immer die Koordination des Anlaufs in den Absprung und die Ausführung/Kontrolle der jeweiligen Fluggestalt während des Sprunges.

	Schrittsprünge von Reifen zu Reifen Tipp: Die Abstände so wählen, dass immer nur ein Fuß in jeden Reifen aufgesetzt wird.
	Schrittsprünge über die Kastenreihe der kleinen Kästen Tipp: Die Abstände so wählen, dass immer nur ein Fuß auf jeden kleinen Kasten gesetzt wird.
	Sprungläufe über mehrere Kastendeckel – rechts abspringen – links landen – links abspringen – rechts landen usw.
	Schrittsprünge über Kastendeckel und Mattengräben
	Einige Schritte Anlauf und dann mit einem Bein abspringen und Hocksprung über die Zauberschnur und beidbeinig auf dem Weichboden landen
	Schersprünge über mehrere gehaltene Zauberschnüre

KOHL VERLAG Leichtathletik für Kinder & Jugendliche Grundschule – Bestell-Nr. 12 344

7 Springen

➔ **Springen an der Kastentreppe**
Sprungfolgen rechts-links-rechts-Absprung oder links-rechts-links-Absprung: weit- und hochspringen

oder

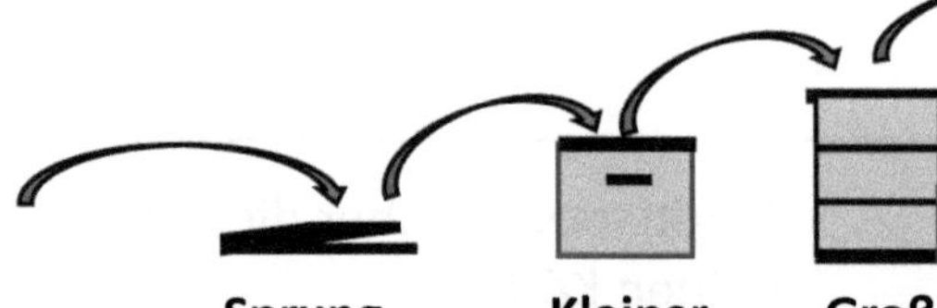

Sprung-brett | **Kleiner Kasten** | **Großer Kasten 3teilig / 4teilig** | **Weich-boden**

 Tipp: Eine schräg gespannte Zauberschnur sorgt dafür, dass auch schwächere Schüler über die Schnur springen können.	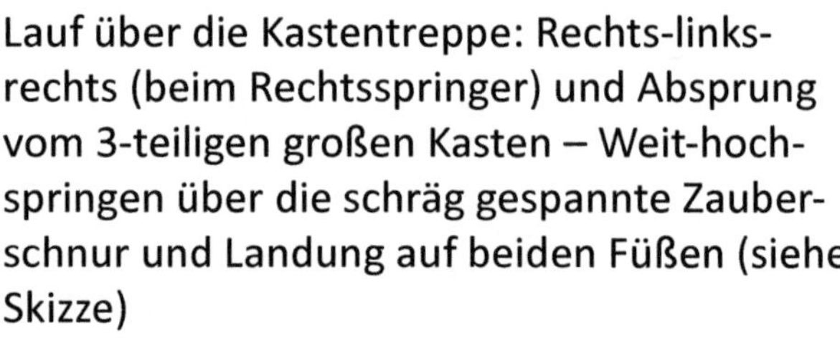 Lauf über die Kastentreppe: Rechts-links-rechts (beim Rechtsspringer) und Absprung vom 3-teiligen großen Kasten – Weit-hoch-springen über die schräg gespannte Zauber-schnur und Landung auf beiden Füßen (siehe Skizze) 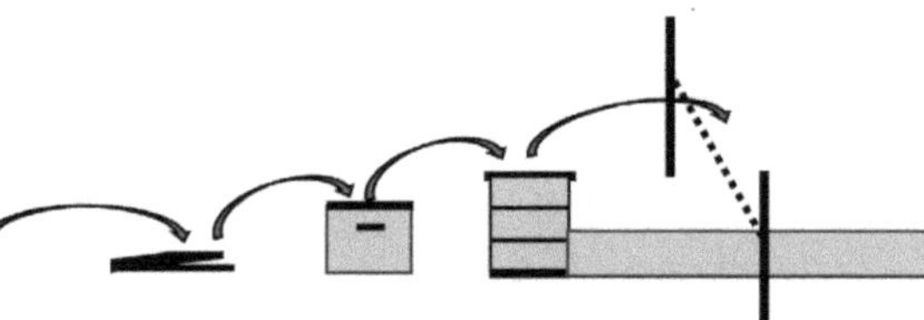
	– Lauf über die Kastentreppe mit Absprung vom großen Kasten – weit und hoch springen und Landung auf beiden Füßen – Schrittsprünge auf oder über die außen stehenden kleinen Kästen in Reihe

7.3 Methodische Übungsreihe zur Grobform des Schrittweitsprungs

Kinder wollen springen und wollen wissen, wie weit sie springen können. Diese Überlegungen müssen auch bei der Auswahl einer geeigneten methodischen Übungsreihe im Vordergrund stehen. Wenn möglich sollte der Bewegungsablauf als Ganzes und unter erleichterten Bedingungen vermittelt werden, wobei Geräthilfen (erhöhte Absprungstellen) die gestellten Aufgaben erleichtern. Die folgenden Übungsformen können sowohl auf dem Sportplatz als auch in der Sporthalle durchgeführt werden.

Beim Schrittweitsprung schwingt das Schwungbein nach dem Absprung weitgreifend nach vorn (Schrittstellung), das Sprungbein bleibt dabei zunächst hinter dem Körper. Erst kurz vor der Landung schwingt das Sprungbein zum Schwungbein vor.

Methodische Reihe (Lernschritte) und Hinweise	
1. **Schrittsprung auf den Kastendeckel** mit 5-7 Schritten Anlauf Hinweis: Bewusstmachen des Sprung- und Schwungbeines; etliche Wiederholungen ausführen lassen	
Einstiegsübung: breite Landefläche; Üben des einbeinigen Absprungs und Landens auf dem Schwungbein	
2. **Steigesprung auf den kleinen Kasten** (zweiteiliger großer Kasten) mit 5-7 Schritten Anlauf Hinweis: Kleine Kästen in Reihe anordnen, um etliche Wiederholungen zu ermöglichen.	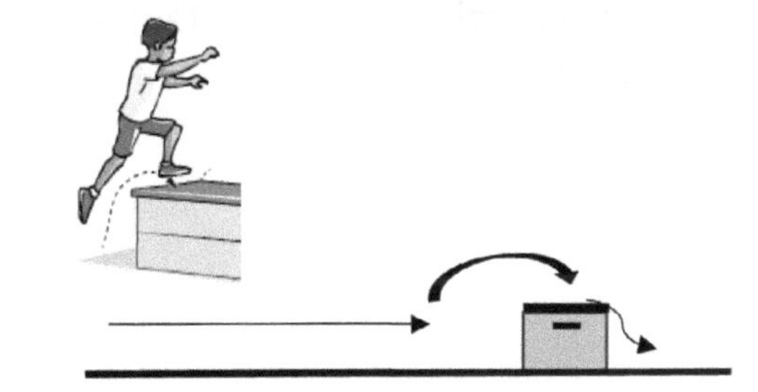
Breite und Höhe der Landefläche bleiben unverändert; der Schwungbeineinsatz mit einem waagerechten Oberschenkel wird angestrebt und geübt. Hinweis: **„Tritt von oben mit dem Schwungbeinfuß"** auf das Gerät. Um ein sicheres Landen zu gewährleisten, schwingt das Sprungbein kurz danach am Schwungbein vorbei und fängt die Landung mit ab.	
3. **Steigesprung über den kleinen Kasten** mit längerem Anlauf (9-15 Schritte)	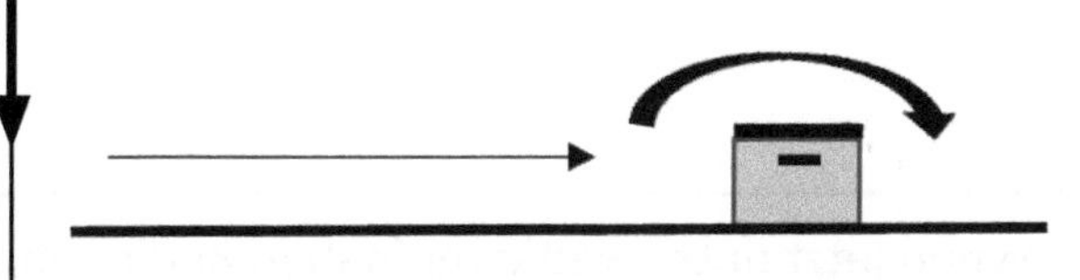
Das Hindernis soll jetzt übersprungen werden. Dadurch wird die Flugphase höher und weiter. Sollten einige Schüler mit dieser Übung Probleme haben, gehen Sie gleich zu Übung 4.	

Methodische Reihe (Lernschritte) und Hinweise

4. Mit 5-7 Schritten Anlauf **Schrittweitsprung in** die **Weitsprunggrube** oder auf die Weichbodenmatte;
Absprung vom Kastendeckel oder vom letzten Kasten der Kastentreppe

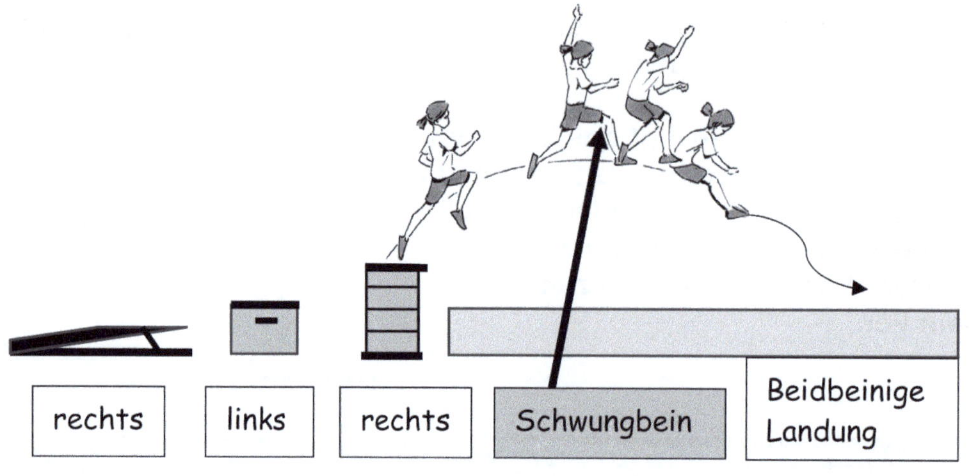

Durch die erhöhte Absprungstelle hat der Schüler mehr Zeit, die raumgreifende Schritthaltung beizubehalten und das Sprungbein erst spät zur beidbeinigen raumgreifenden Landung nachzuziehen.
Fluggestalt: Schwungbeinoberschenkel waagerecht – weite Schritthaltung

5. Draußen: 11-15 Schritte Anlauf – Absprung vom Kastendeckel und **Schrittweitsprung über** einen schräg verlaufenden **Sandwall** (ausgelegtes Tau) in die Weitsprunggrube

Drinnen: Absprung vom letzten Kasten und **Schrittweitsprung** über eine schräg verlaufende **Zauberschnur** mit Landung auf der Weichbodenmatte

Wenn jetzt unter wettkampfnahen Bedingungen geübt wird, darauf achten, dass die Grobform des Schrittweitsprungs ausgeführt wird und deutlich erkennbar ist.
Die unterstützende erhöhte Absprungstelle (Kastendeckel draußen und Kastentreppe drinnen) wird noch beibehalten.

Methodische Reihe (Lernschritte) und Hinweise	
6. 11-15 Schritte Anlauf und **Schrittweitsprung** mit Absprung **aus** einer **Absprungzone.** Die Zielübung sollte nun ohne Geräthilfe ausgeführt werden.	

Absprungzone:
Insgesamt 80 cm = 30 cm vor dem Balken, 20 cm Balken, 30 cm hinter dem Balken;
evtl. den Anlauf etwas verlängern

Anwenden und Üben des Schrittweitsprungs in den folgenden Sportstunden

Damit die Vielfalt des Weitspringens für die Schüler interessant bleibt, darf das Weitspringen nicht immer nach den bekannten gleichen Ritualen ablaufen, z.B. Anstehen in langer Reihe und Warten auf den Sprung etc.

Manchmal ist es viel besser, die Schüler von der Rasenkante des Sportplatzes in die Weitsprunggrube springen zu lassen. (schräg ausgelegtes Tau, Seile etc.)

Vorteile: Hohe Intensität – 3-5 Schüler springen zugleich.
Selbstkontrolle ist möglich – Tau übersprungen oder nicht?

KOHL VERLAG Leichtathletik für Kinder & Jugendliche Grundschule – Bestell-Nr. 12 344

7.4 Methodische Übungsreihe zur Grobform des Schersprungs

Jungen und Mädchen wollen zeigen, wie hoch sie springen können – das gilt auch für Grundschüler. Damit das auch gelingt, wählt der Sportlehrer zunächst den Schersprung aus, weil diese Technik manchmal von einigen Schülern (meistens Mädchen) schon ausgeführt wird und weil dieser Sprung als **Zwischentechnik zum Flop** angesehen wird. Aus der Sicht der Schüler ist zunächst immer das Überspringen der jeweiligen Höhe wichtig und nicht die dabei genutzte Technik.

Der Hochsprung ist ein wichtiger Bestandteil in den Lehrplänen der Grundschule und wird dort auch immer klar herausgestellt:

Klassenstufen 3/4 – Anwenden von Formen des Weit- und Hochspringens:

– Schersprung erlernen.[1]

Es hat sich bewährt, die Schersprungtechnik mit Kindern im Grundschulalter ganzheitlich Schritt für Schritt zu erarbeiten. Es hat sich auch bewährt, zunächst schräg anlaufen und über eine Zauberschnur springen zu lassen (tut nicht weh).

Der Schersprung ist ein sogenannter Außensprung, d.h. es wird mit dem von der Latte aus gesehen äußeren Bein abgesprungen. Der Anlauf besteht aus 5-7 Schritten. Damit sich der Anfänger gut auf den Absprung und den kräftigen Schwungbeineinsatz konzentrieren kann, sollte der Anlauf eher langsam sein. Dem Anfänger im Hochsprung kommt auch entgegen, dass der Absprungfuß in Laufrichtung aufgesetzt wird. Die Schnur (Latte) wird scherend überquert und die Landung erfolgt auf dem Schwungbein.

<table>
<tr><th colspan="2">Methodische Reihe (Lernschritte) und Hinweise</th></tr>
<tr><td>1. Einfache Schersprünge über mehrere von Mitschülern gehaltenen Zauberschnüre</td><td></td></tr>
<tr><td colspan="2">Die Zauberschnüre so halten, dass die Schüler ohne Mühe darüber springen können. Wichtig ist der schräge Anlauf, der erkennbare Schwungbeineinsatz, der Absprung mit dem schnurentfernten Bein und die sich anschließende Landung auf dem Schwungbein.</td></tr>
<tr><td>2. 5-7 Schritte Anlauf und Schersprung über die Schnur (ca. 50-70 cm hoch). Landung auf dem Schwungbein und Unterstützung durch Aufsetzen des nachgezogenen Sprungbeines. Die Höhe immer der jeweiligen Gruppe anpassen.</td><td></td></tr>
<tr><td colspan="2">Der Absprung erfolgt mit dem schnurfernen Bein ca. eine Armlänge vor der Mitte der Hochsprunganlage. Der Absprungfuß setzt in Laufrichtung auf. Kräftiger Schwungbeineinsatz (fast gestreckt) und auf dem Schwungbein landen. Mehrere Durchgänge ausführen lassen und evtl. dann die Schnur erhöhen oder eine zweite Anlage aufbauen (Differenzierung).</td></tr>
</table>

[1] *Nieders. Kultusministerium-Kerncurriculum für die Grundschule Schuljahrgänge 1-4 – Sport, S. 16*

Methodische Reihe (Lernschritte) und Hinweise	
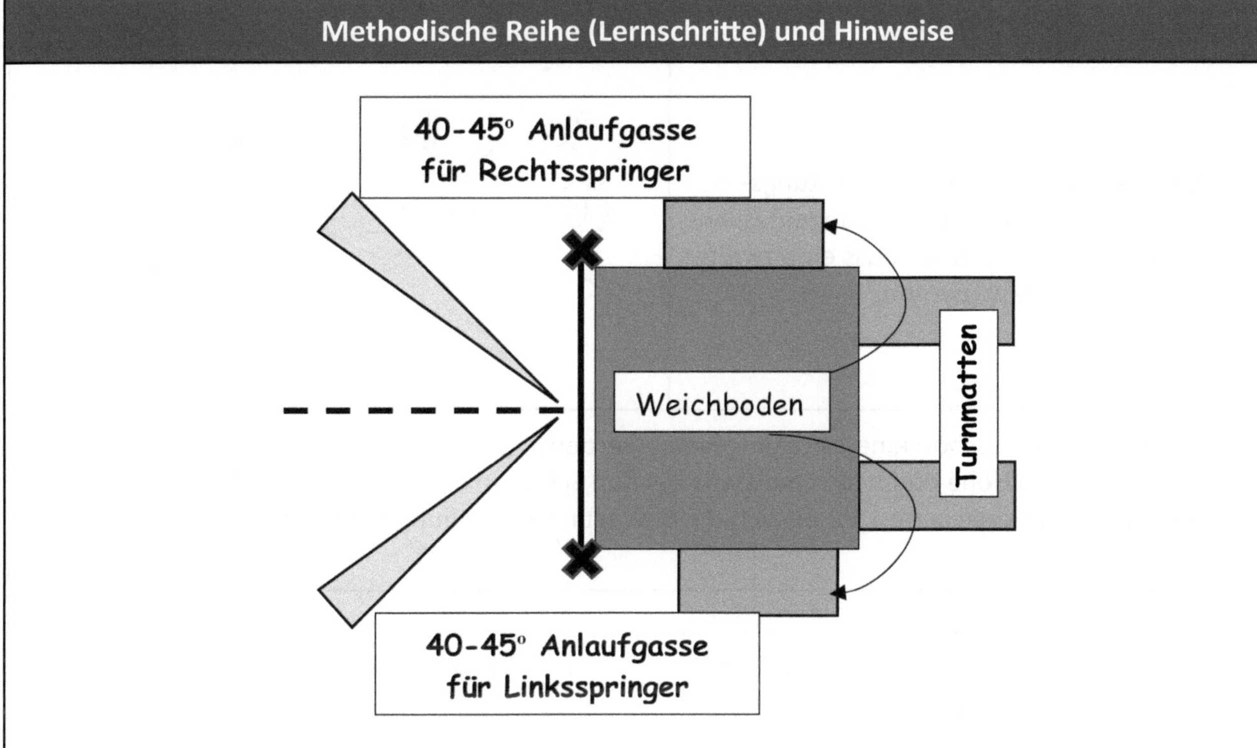	
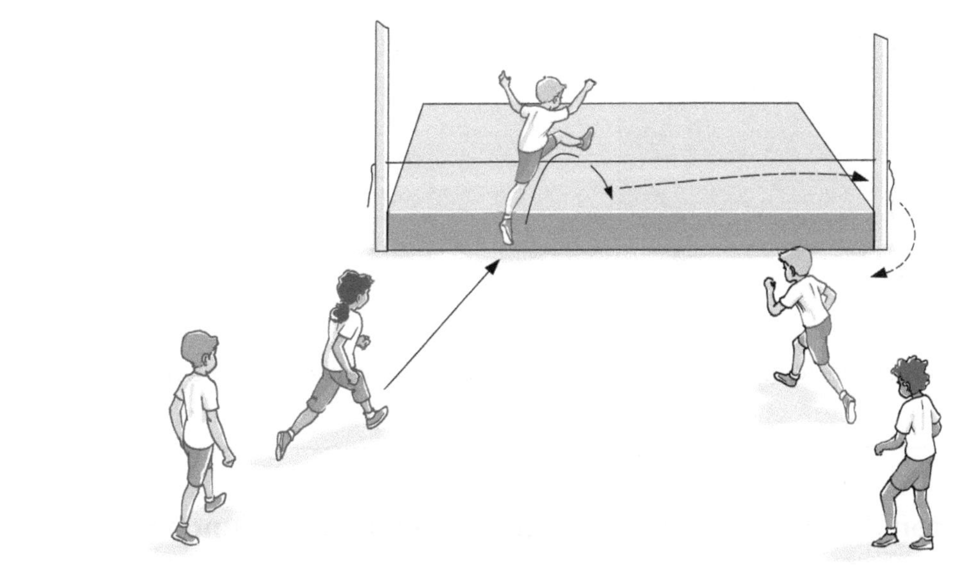	
3. 5 – 7 Schritte Anlauf und **Schersprung über** die **Schnur**; Absprung mit kräftigem Schwungbeineinsatz in Koordination mit bewegungsunterstützendem Armeinsatz	
Darauf achten, dass der Anlauf flüssig in den Absprung übergeht. Mehrere Durchgänge ausführen und evtl. unterschiedliche Höhen springen lassen. Tipp: Die angepasste Höhe fordert den intensiven Schwungbeineinsatz.	

Leichtathletik für Kinder & Jugendliche Grundschule – Bestell-Nr. 12 344

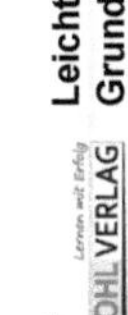

Methodische Reihe (Lernschritte) und Hinweise	
4. Differenzierung: Damit die leistungsstärkeren Schüler über eine angemessene Höhe springen können, muss eine zweite Anlage aufgebaut werden.	

Hier kann jetzt auch schon eine Latte eingesetzt werden.
Durch die größere Höhe ergibt sich meistens bei den Schülern eine Sitzlandung. Einige gelungene Abläufe demonstrieren lassen, damit sich die Bewegungsvorstellung bei den Schülern weiter vervollkommnet.

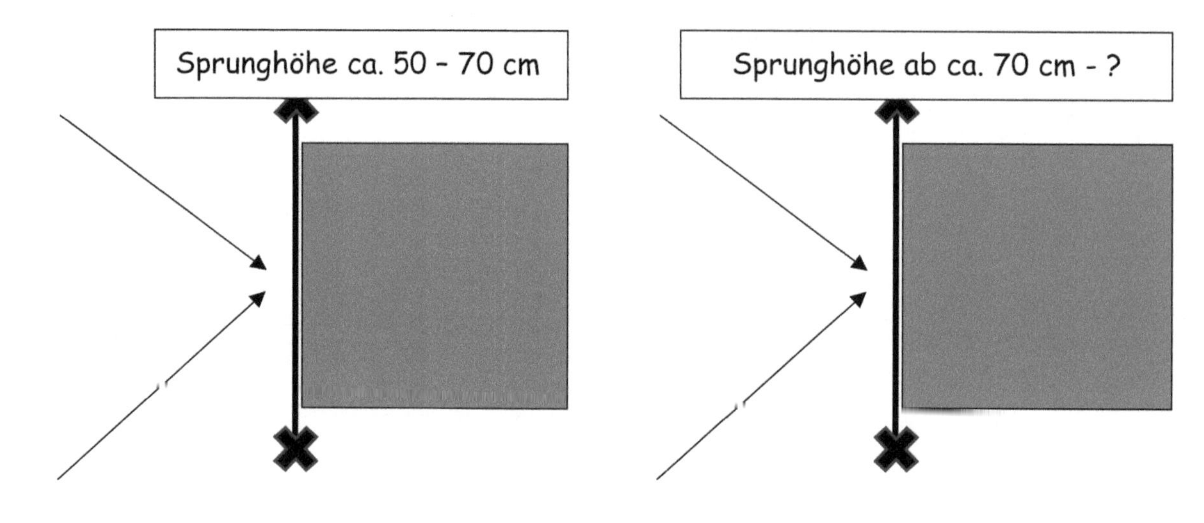

Natürlich muss die zweite Anlage entsprechend den jeweiligen Gegebenheiten aufgebaut werden.

Anwenden und Üben des Schersprungs in den folgenden Sportstunden

Damit das Hochspringen für die Schüler interessant bleibt, muss der Sportlehrer in den folgenden Sportstunden interessante Varianten anbieten und dabei natürlich auch die Leistungsunterschiede der Schüler berücksichtigen.

Beispiele:

- Wer erreicht mit je zwei Hocksprüngen und zwei Schersprüngen die größte Höhe (addieren)?
- Wer erreicht die kleinste Differenz zwischen der erreichten Sprunghöhe und der eigenen Körpergröße?
  - Schülerin A ist 1,32 m groß und springt 84 cm hoch = Differenz 48 cm
  - Schüler B ist 1,46 m groß und springt 92 cm hoch = Differenz 54 cm
- Den Schersprung jeweils einmal mit dem rechten und linken Bein ausführen. Welche Gesamthöhe erreichst du?
- Es werden Gruppen von je 4-5 Schülern zusammengestellt und die individuellen Hochsprungleistungen addiert. Welche Gruppe erreicht die höchste Punktzahl?

Leichtathletik für Kinder & Jugendliche Grundschule – Bestell-Nr. 12 344
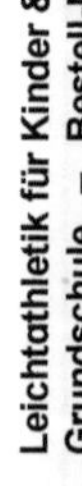

7.5 Methodische Übungsreihe zur Grobform des Flops

Es besteht heute Einigkeit darüber, dass der Flop in allen Alters- und *Könnensstufen* als die zweckmäßigste Hochsprungtechnik anzusehen ist, und ebenso, dass er in der Grobform für Schüler auch erlernbar ist. Dies bedeutet aber nicht, dass *Hochspringen* und *Floppen* gleichgesetzt werden dürfen.[1]

Neben dem unter 7.4. anschaulich dargestellten Grundlagensprung „Schersprung" gibt es weitere einfache Techniken, z.B. **Hochsprung in der Art der Rolltechnik und Hochsprung in der Art der *Wälztechnik*** (Wälzer – Straddle).

Erfahrungsgemäß kann insbesondere die Wälztechnik gerade bei Schülern, die Probleme mit rückwärts gerichteten Bewegungsabläufen aufgrund ihrer mangelnden Bewegungserfahrungen haben, eine Alternative sein.

Aufgrund der eigenen Erfahrungen nähern sich die Schüler ausgehend vom Schersprung der Grobform des Flops. Der Wechsel vom Schersprung zum Flop sichert den meisten Schülern einen stetigen Übergang.

Dadurch wird der Flop grundsätzlich ganzheitlich gelernt und geübt – Teilelemente werden nur beim Üben der Hauptphase speziell geübt.

Es wird mit dem Schersprung begonnen. Die Schüler werden danach zunächst mit dem bogenförmigen Anlauf vertraut gemacht, um dann Schritt für Schritt die Zielvorstellung *„bogenförmiger Anlauf – Absprung – Lattenüberquerung und Landung"* zu erreichen.

Methodische Reihe (Lernschritte) und Hinweise	
1. Einstiegsübung – Schersprung 	
Gradlinig anlaufen und Schersprung – nach der Landung auf der Matte in gleicher Richtung weiter laufen und auf dieser Seite hinten anstellen. So müssen die Schüler dann versuchen, mit dem anderen Bein abzuspringen. Die Schüler schulen ihre Beidseitigkeit und machen sich dabei noch einmal bewusst, mit welchem Bein sie besser abspringen können.	

[1] *Kern U. / Söll W.: Praxis und Methodik der Schulsportarten, S. 167*

KOHL VERLAG Leichtathletik für Kinder & Jugendliche Grundschule – Bestell-Nr. 12 344

Methodische Reihe (Lernschritte) und Hinweise	
2. **Schersprünge mit Sitzlandung** – über eine größere Höhe, dadurch ergibt sich fast automatisch eine Sitzlandung. Springt mit dem besseren Bein ab.	
Jetzt wird ein Höhenanreiz geschaffen, d.h. die Schnur wird stetig erhöht, sodass die Schüler in ihren maximalen Bereich kommen und eine Landung auf den Beinen nicht mehr möglich wird. Damit alle Schüler in diesen Grenzbereich kommen, muss evtl. eine zweite Anlage aufgebaut werden.	
3. **Schersprung aus Kurvenlauf** mit Sitzlandung 	
Der Sportlehrer markiert die Anlaufkurve mit Pylonen. 3-5 Schritte Anlauf, dabei an der markierten Bogenlinie entlang laufen. Beim dritten (fünften) Schritt mit dem Sprungbein abspringen. Die Höhe so festlegen, dass die Schüler sie so gerade noch überspringen können, um eine Sitzlandung zu erzwingen. Es ist auch möglich, die Landefläche durch mehrere aufeinander liegende Weichböden zu erhöhen, sodass die Sitzlandung dadurch zustande kommt.	
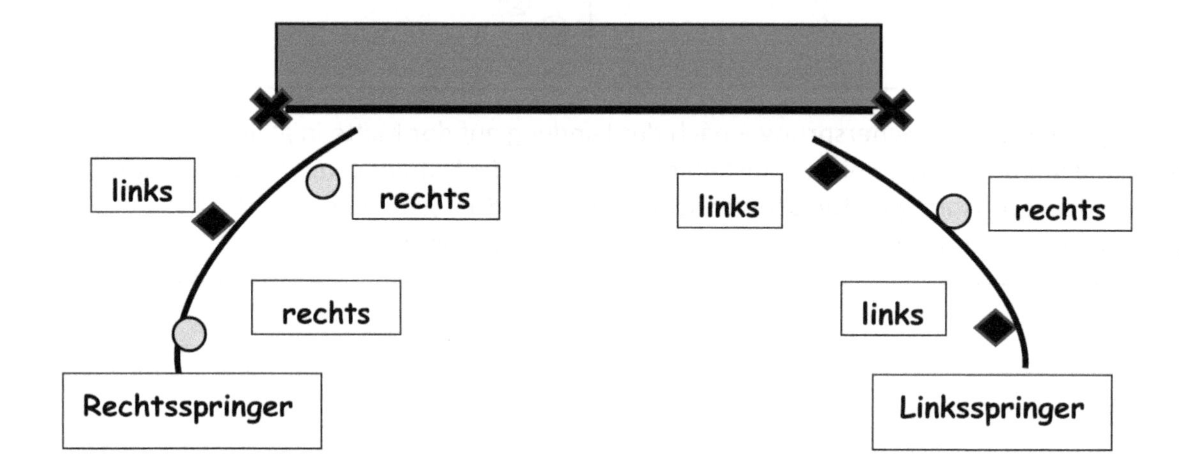	
Vermitteln der Bewegungsvorstellung „Flop" – der Sportlehrer zeigt eine Lehrbildreihe und erklärt dabei die einzelnen Phasen und die folgenden Übungen dazu.	

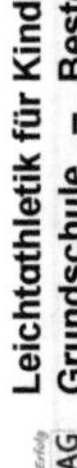

Leichtathletik für Kinder & Jugendliche Grundschule – Bestell-Nr. 12 344

Methodische Reihe (Lernschritte) und Hinweise
4. Standflop zur Schulung der Lattenüberquerung und Landung: Der Schüler steht mit dem Rücken zum Weichboden, beidbeiniger Absprung und Landung auf dem Rücken mit ausgebreiteten Armen. Der Kopf nimmt dabei eine leichte Nackenhaltung ein, Hüfte und Rücken sind überstreckt – *Brückenposition*. 
Der Absprung kann zunächst von einer erhöhten Stelle, z.B. Sprungbrett, Kastendeckel, kleiner Kasten erfolgen. Der Sportlehrer und ein Schüler können rechts und links mit Griff am Hosenbund den übenden Schüler unterstützen.

5. Diagonaler Schwungbeineinsatz – Bewusstmachen des Absprungs und der Körperdrehung durch diagonalen Kniehub im Stand und im Gehen. 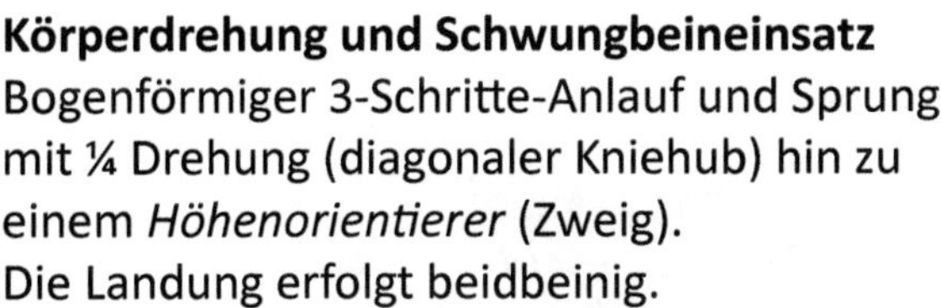 **Körperdrehung und Schwungbeineinsatz** Bogenförmiger 3-Schritte-Anlauf und Sprung mit ¼ Drehung (diagonaler Kniehub) hin zu einem *Höhenorientierer* (Zweig). Die Landung erfolgt beidbeinig.	

Die Schüler lernen die Körperdrehung durch den diagonalen Schwungbeineinsatz und werden für die Körperdrehung sensibilisiert.

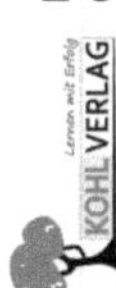

Methodische Reihe (Lernschritte) und Hinweise	
6. Schüler koordinieren die **Gesamtbewegung des Flops**: Bogenförmiger Anlauf und Sprung auf einen Mattenhügel. Die Höhe des Hügels wird so eingerichtet, dass die Schüler nur noch mit dem Rücken auf dem Weichboden landen können. Die Hohlkreuzhaltung wird durch den Mattenhügel erleichtert. 	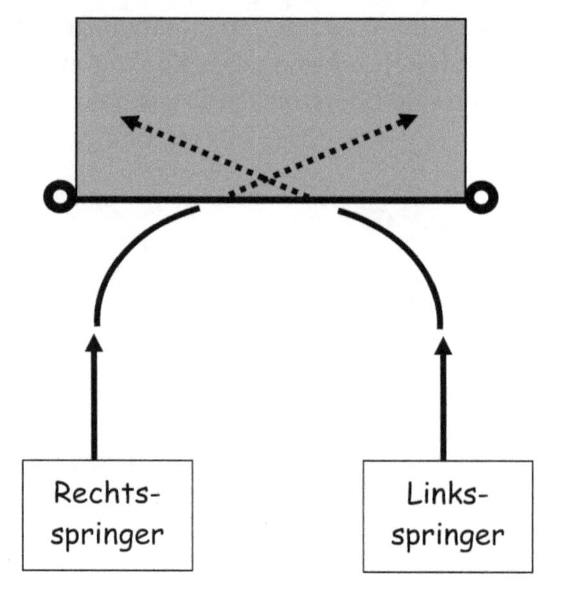

Skizze: Steigerungslauf – Rechtsspringer von links – Linksspringer von rechts – 7-9 Schritte – zunächst gradlinig – dann Impulskurve mit Innenneigung des Körpers auf den letzten drei Anlaufschritten – leichte Körperrücklage – Senkung des Körperschwerpunktes – Doppelarmschwung – letzter Fußaufsatz erfolgt über die Ferse zum Absprung.

7. Flopsprünge mit bogenförmigem Anlauf auf den reduzierten Mattenhügel (schrittweise abbauen, um die Flugphase zu verlängern). Der Sportlehrer beobachtet die Technik, z.B. auf das betont lange Halten der *Brückenposition*, sodass die Waden fast die Schnur (Latte) berühren.

Bei der Landung schwingen die Unterschenkel vor (L-Position) – die Beine werden gestreckt und der Kopf wird in Richtung Brust genommen, die Arme werden seitlich ausgebreitet und die Landung erfolgt auf Rücken und Schulter.

KOHL VERLAG Leichtathletik für Kinder & Jugendliche Grundschule – Bestell-Nr. 12 344

Methodische Reihe (Lernschritte) und Hinweise	
Um die Bewegungsvorstellung zu vertiefen, muss der Sportlehrer insbesondere immer wieder auf die korrekte Absprungposition hinweisen, da sie die Voraussetzung für einen flüssigen Gesamtbewegungsablauf ist. Die Festigung, Vertiefung und Formung des Flops muss in weiteren Sportstunden erfolgen.	

Anwenden und Üben des Flops in den folgenden Sportstunden

Damit das Hochspringen in Form des Flops auch weiter interessant bleibt, muss sich der Sportlehrer abwechslungsreiche Varianten überlegen, die in den folgenden Sportstunden zur Anwendung kommen. Die Leistungsunterschiede der Schüler müssen beachtet werden.

- **Risiko-Hochsprung:**
  Jeder Schüler darf insgesamt nur drei Sprünge ausführen, die addiert werden.
  Jeder Schüler wählt die Höhen selbst und sollte dabei immer auf sicher gehen.
  Schüler A: 1. Versuch: 85 cm / 2. Versuch: 90 cm / 3. Versuch: 80 cm = Summe 255 cm.
  Schüler B: 1. Versuch: 100 cm / 2. Versuch: 105 cm / 3. Versuch: 110 cm gerissen = Summe 205 cm.

- **Hochsprung-Mehrkampf:**
  Jeder Schüler muss einmal im Schersprung und einmal im Flop springen.
  Welche Gesamthöhe erreichst du?
  Zusatz: Besonders leistungsstarke Schüler müssen beim Schersprung mit dem *schwachen Bein* abspringen.

- **Hochsprung relativ:**
  Wieviel Prozent von der Körpergröße wird übersprungen?

Weitere Beispiele siehe Schersprung.

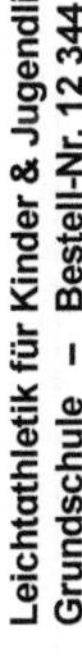

8 Werfen

Für viele Schüler ist Werfen heute keine Grundtätigkeit mehr, die man irgendwie kann, sondern eine Fertigkeit, die man von Grund auf lernen muss. Dies ist jedoch nicht Sache der Leichtathletik allein, sondern einer vielseitigen Wurfschulung, auch unter Einbeziehung anderer Sportarten.[1]

Unsere bewegungsunfreundliche Umwelt und auch die abnehmende Bedeutung der Leichtathletik im Schulsport haben dazu geführt, dass bei den Schülern insbesondere bei den Wurffertigkeiten große Schwächen festzustellen sind. Es liegt sicher auch an den mangelnden Möglichkeiten des freien Werfens draußen im Gelände.

Da die Schüler in der Regel nicht mehr auf grundlegende Wurferfahrungen zurückgreifen können, müssen im Schulsport Wurfgelegenheiten geschaffen werden, bei denen die Schüler spielerisch werfen können, d.h. ihre Wurffähigkeiten anwenden und verbessern können. In Form von Kleinen Spielen mit dem Schwerpunkt „Werfen" bieten sich viele Möglichkeiten, die die Schüler motivierend wahrnehmen und gern ausführen. Mit jeder Wiederholung verbessert sich das Wurfgefühl und erweitern sich die Bewegungserfahrungen.

Das leichtathletische Werfen hat das Ziel, möglichst weit zu werfen. Werfen kann man nicht nur mit den bekannten und genormten Wurfgeräten (80 g Wurfbälle aus Gummi oder Leder, 200 g Wurfbälle aus Leder), sondern auch mit ganz anderen Gegenständen, z.B. mit Staffelstäben (Holzstücke) von ca. 20-30 cm, Tennisbällen, Tennisringen, kleinen Gymnastik- und Handbällen, Schweif- und Flatterbällen etc. Wichtig ist, dass die Wurfgeräte ein angemessenes Gewicht haben und gut in der Hand des Schülers liegen.

Beim Werfen muss der Sportlehrer immer besondere Sicherheits- und organisatorische Gesichtspunkte beachten. Damit es nicht zu Unfällen kommt, müssen folgende Regeln beachtet werden:

- **nur in eine Richtung werfen;**
- **auf ausreichenden Abstand zum Nebenschüler achten;**
- **Wer geworfen hat, stellt sich hinten an oder wartet auf die Ansage des Sportlehrers, um den Ball zurückzuholen.**

WURFSCHWÄCHE

WURFGELEGENHEITEN

WURFGERÄTE

SICHERHEIT – ORGANISATION

[1] *Kern, U./Söll, W.: Praxis und Methodik der Schulsportarten, S. 171*

8 Werfen

Die folgende Übersicht veranschaulicht auf einen Blick die Hauptbestandteile des leichtathletischen Werfens mit Kindern im Grundschulalter und macht deutlich, dass zunächst *Kleine Spiele – Wurfspiele* im Vordergrund stehen.

Es schließen sich zielgerichtete Übungsformen an, die die Grundbewegung Schlagwurf (den *peitschenartigen* Armzug) nach unten vorbereiten und anwenden.

Im Schulsport der Grundschule wird das Ziel *Schlagwurf aus der Wurfauslage*[2] angestrebt. Die sich anschließende methodische Übungsreihe zeigt einen ganzheitlichen Lehrweg auf …

„Werfen lernt man nur durch werfen!“

Schritt für Schritt werden die Schüler an die Technik der Schlagwurfbewegung herangeführt, wobei die einzelnen Lernschritte auch Differenzierungsmaßnahmen ermöglichen.

Werfen im Grundschulalter – *Schlagwurf*
„Weit werfen“

8.1 Voraussetzungen schaffen = kleine Spiele – Wurfspiele
vielfältige Wurferfahrungen ermöglichen
Wurffähigkeiten schulen und verbessern

↓

Ausgewählte *Kleine Spiele*:
Haltet das Feld frei # Einlochen # Bank-Balltreiben # Balltreiben # Treffer sammeln # Jägerball # Kastenball # Turmball # Ball unter die Schnur # Medizin-Zielball # Wettwanderball # Völkerball verkehrt # Dreifelderball # Abwurf durch die Gasse

↓

8.2 Schlagwurf vorbereiten = Zielgerichtete Übungsformen
Fußball-Einwurf # Prellen und fangen # Tennisball-Tiefwurf # Prellwurf nach unten-vorne # Prellwurf in einen Reifen # Prellwurf-Tennis # Werfen mit Staffelstab # Ball in die Wurfhand # Matte umwerfen

↓

8.3 Methodische Übungsreihe
Schlagwurf

2 *Sächsisches Staatsministerium für Kultus – Lehrplan Grundschule – Sport – S. 10*

8 Werfen

8.1 Voraussetzungen schaffen: Kleine Spiele / Wurfspiele

Geeignet sind Wurfspiele, bei denen die Schüler oft werfen können und viele Wiederholungen möglich sind, um umfangreiche Wurferfahrungen in immer anders verlaufenden Situationen zu machen.

Haltet das Feld frei

Das Spielfeld wird durch eine Schnur oder besser durch Turnbänke in zwei Felder geteilt. Es werden zwei gleichgroße Gruppen gebildet, die sich jeweils in ihrem Feld verteilen. Jeder Schüler hat zu Beginn des Spiels einen Ball in der Hand. Auf Zeichen des Sportlehrers werfen alle Schüler ihre Bälle in das gegnerische Feld. Nach ca. 3 Minuten Spielzeit wird das Spiel beendet. Gewonnen hat die Mannschaft, die die wenigsten Bälle in ihrem Feld hat. Zu Beginn des nächsten Spieldurchgangs erhält wieder jeder Schüler einen Ball.

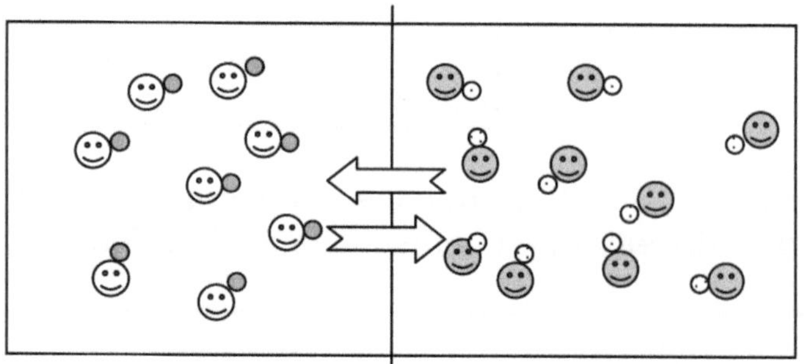

Einlochen

Zwei Bänke so nebeneinander aufstellen, dass 6 bis 10 Markierungskegel mit der Öffnung nach oben zwischen die Bänke gehängt werden können. Die Schüler bilden zwei Gruppen, die sich im Abstand von ca. 5 m von der Bank gegenüberstehen. Sie versuchen, mit kleinen Gymnastik- oder Tennisbällen in die Kegelöffnungen zu treffen. Welche Gruppe erzielt die meisten Treffer?

Bank-Balltreiben

Zwei Gruppen versuchen den in der Bankgasse liegenden Basket- oder Medizinball durch gezielte Würfe bis zur Wand zu treiben.

Tipp: Um den in der Gasse liegenden Ball vorwärts zu treiben, müssen die Schüler **Schlagwürfe** anwenden.

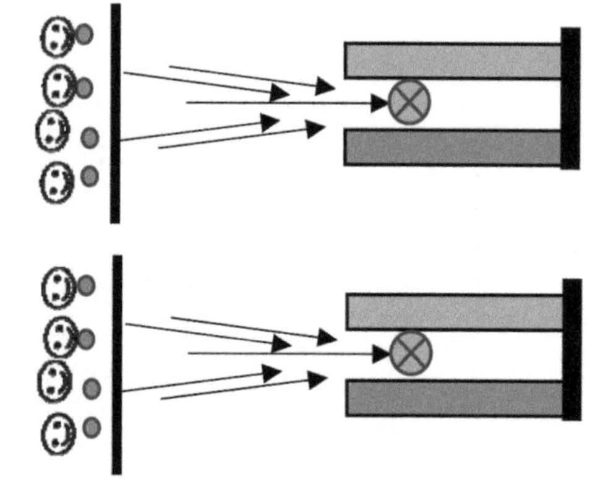

8 Werfen

Balltreiben

Hinter der Grundlinie jeder Spielfeldseite steht eine Mannschaft. Jeder Schüler erhält zu Beginn des Spiels einen Gymnastikball. In der Mitte des Spielfeldes liegt ein Basket- oder Medizinball. Auf ein Zeichen des Sportlehrers beginnt das *Balltreiben*. Die Schüler versuchen, den Ball durch gezielte Würfe über die gegnerische Grundlinie zu treiben.

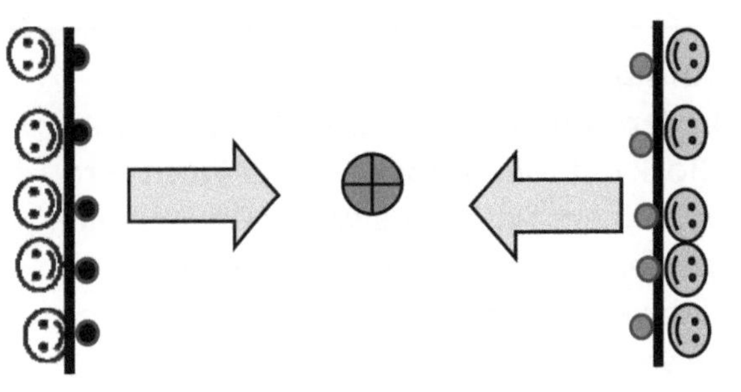

Treffer sammeln – jeder wirft jeden ab

Alle Schüler verteilen sich in der Turnhalle (Spielfeld). Jeder kann jeden abwerfen. Der Sportlehrer wirft zwei oder sogar drei *Softbälle* ins Spiel. Der nächststehende Schüler ergreift den Ball und versucht einen anderen Schüler abzuwerfen. Laufen mit dem Ball in der Hand ist nicht erlaubt. Wer als nächster den Ball bekommt, setzt das Abwerfen fort. Wer hat nach 5 Minuten die meisten Treffer erzielt?

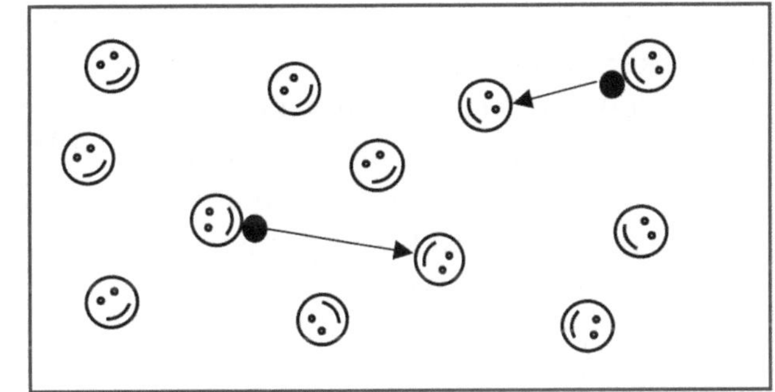

Jägerball

Es werden zwei oder drei Schüler zu Beginn des Spiels mit einem Parteiband als Jäger kenntlich gemacht. Alle anderen Schüler laufen frei im Spielfeld umher. Die Jäger versuchen die Hasen abzuwerfen. Wer getroffen wird, nimmt sich ein Parteiband und wird auch zum Jäger.

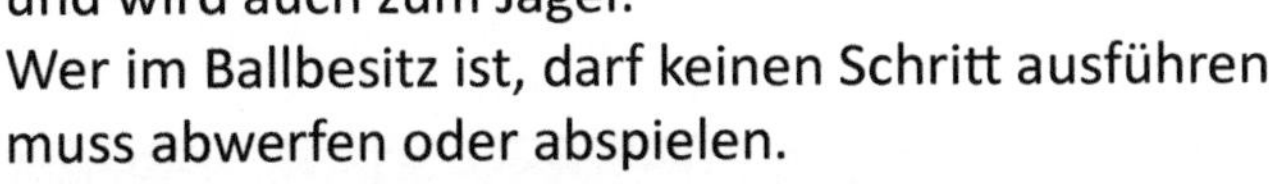

Wer im Ballbesitz ist, darf keinen Schritt ausführen, muss abwerfen oder abspielen.

Gleich mit zwei Softbällen spielen lassen.

Kastenball

Es werden zwei Gruppen gebildet, die sich hintereinander aufstellen. Jeder Schüler erhält einen Ball. Der Abstand zum Kasten beträgt ca. 2 m. Eine Matte dient als Abwurfmarkierung. Die Reihenfolge der Schüler wird vor Beginn des Spiels festgelegt. Auf Pfiff des Sportlehrers versucht der erste Spieler den Ball in den Kasten zu werfen. Gelingt ihm dies, erhält die Klasse einen Punkt (ein Kampfrichter zählt). Wer geworfen hat, stellt sich immer sofort wieder hinten an.

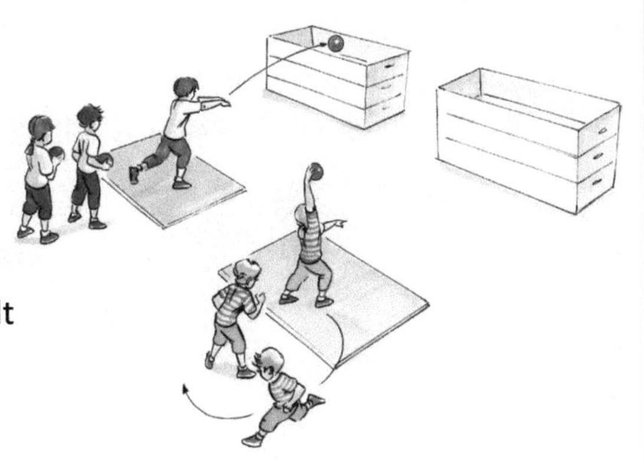

Turmball
In der Mitte des Kreises steht der Turm (Bock mit Medizinball). Dieser Turm wird von einem Schüler bewacht. Die Angreifer werfen sich einen Ball kreuz und quer zu und versuchen, den Ball vom Turm zu werfen.

Ball unter die Schnur
Es werden zwei Mannschaften gebildet, die sich jeweils in einer Spielfeldhälfte verteilen. Wichtig ist, dass neben den Angreifern auch Abwehrspieler vor der Hinterwand postiert werden, die die Bälle abfangen und nach vorn zu ihren Angreifern werfen. Der Spielgedanke besteht darin, den Ball so unter der Schnur hindurch zu werfen, dass er die Hinterwand des gegnerischen Feldes berührt. Gelingt das, so bekommt die erfolgreiche Mannschaft einen Punkt. An jeder Torlinie ist ein Schüler als Zähler erforderlich.

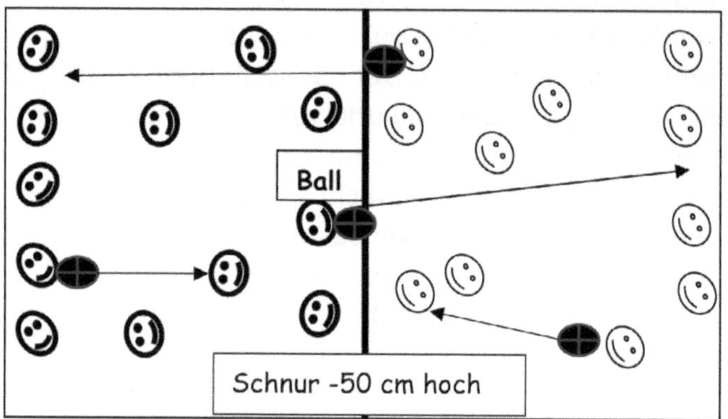

Medizin-Zielball
In der Mitte des Spielfeldes werden zwei Turnbänke aufgestellt, auf denen etwa 10 bis 15 Medizinbälle liegen.
Hinter den Grundlinien des Spielfeldes stehen sich die beiden Mannschaften gegenüber und versuchen mit gezielten Würfen, die Medizinbälle von den Bänken zu werfen. Gewonnen hat die Mannschaft, in deren Feld zum Schluss die wenigsten Medizinbälle liegen.

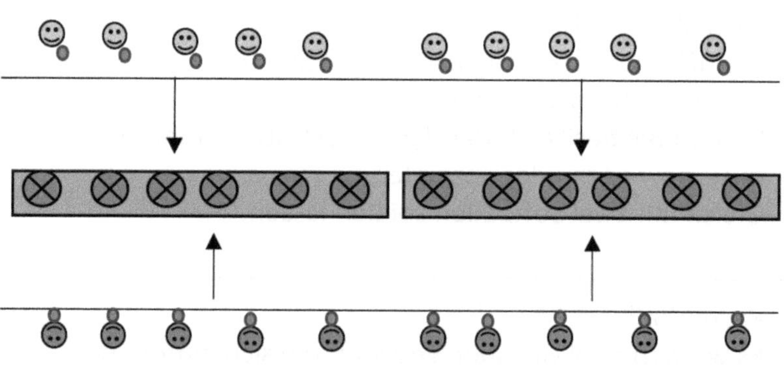

KOHL VERLAG Leichtathletik für Kinder & Jugendliche Grundschule ▪ Bestell-Nr. 12 344

8 Werfen

Wettwanderball

Alle Mädchen und Jungen stehen in einem Abstand von etwa 2 m in Reihe hintereinander in Gymnastikreifen. Auf Signal des Sportlehrers nimmt der erste Spieler einen Ball (von dreien) aus seinem Reifen und wirft ihn weiter zum zweiten Schüler. Dieser wirft ihn dann zum nächsten usw. Der zweite und dritte Ball werden sofort vom ersten Schüler nachgereicht. Gewonnen hat die Mannschaft, deren drei Bälle zuerst im Reifen des letzten Spielers liegen.
Wird ein Ball von einem Schüler fallen gelassen, so muss er von diesem geholt und auch von dessen Position in der Reihe wieder ins Spiel gebracht werden.

Völkerball verkehrt

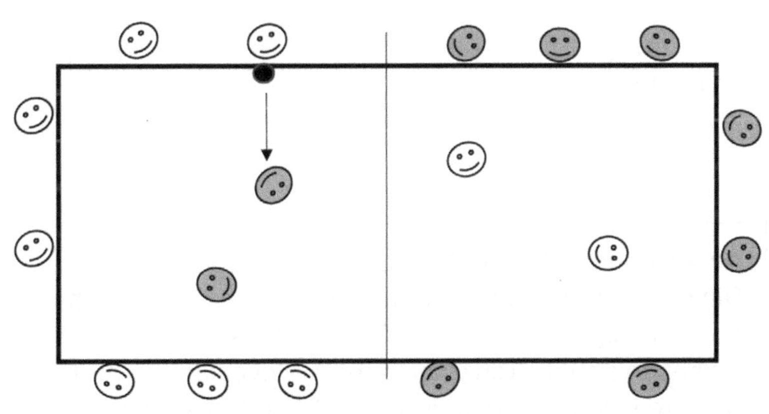

Zu Beginn des Spiels stehen zwei Schüler jeder Mannschaft im Spielfeld, alle anderen Spieler befinden sich an den Seiten- und Grundlinien. Die Spieler der Mannschaft A stehen an den Linien der Mannschaft B; die Spieler der Mannschaft B stehen an den Linien der Mannschaft A. Es muss nun einer der im Feld befindlichen Spieler getroffen werden, gelingt dies, so darf der erfolgreiche Schüler in sein Feld wechseln. Der getroffene Schüler scheidet aber nicht aus, sondern bleibt im Feld. Somit werden die beiden Spielfelder immer mehr aufgefüllt, die Schüler an den Seiten- und Grundlinien werden immer weniger. Diese Variation hat den Vorteil, dass jeder Schüler (auch der leistungsschwache) zumindest einmal getroffen haben muss, also sicherlich oft werfen muss. Durch geschicktes Zuspielen können die leistungsstarken Jungen und Mädchen den wurfschwächeren Schüler beim Abwerfen unterstützen. Es gewinnt die Mannschaft, die zuerst alle Spieler in ihrem Spielfeld hat. Auch dieses Spiel ist gut mit zwei Bällen möglich.

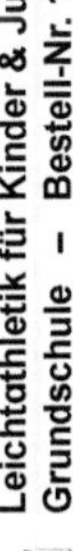

Dreifelderball
Das Spielfeld wird in drei gleich große Felder (je 8-12 m Länge und gesamte Breite der Sporthalle) sowie die Klasse in drei gleich starke Mannschaften aufgeteilt. In jedem Feld befindet sich eine Mannschaft, die nun versucht, viele Spieler des Gegners abzuwerfen. Für jeden Treffer erhält die erfolgreiche Gruppe einen Punkt (es scheidet kein Spieler aus). Nach ca. 2 bis 3 Minuten werden die Felder gewechselt, sodass jede Mannschaft in die schwierige Mittelposition kommt – jede Mannschaft muss einmal in jedem Feld gewesen sein. Fangen des Balles ist erlaubt (kein Treffer). Welche Gruppe hat nach drei Durchgängen die meisten Punkte? Anfangs wird mit einem Softball gespielt, später auch mit zwei Softbällen.

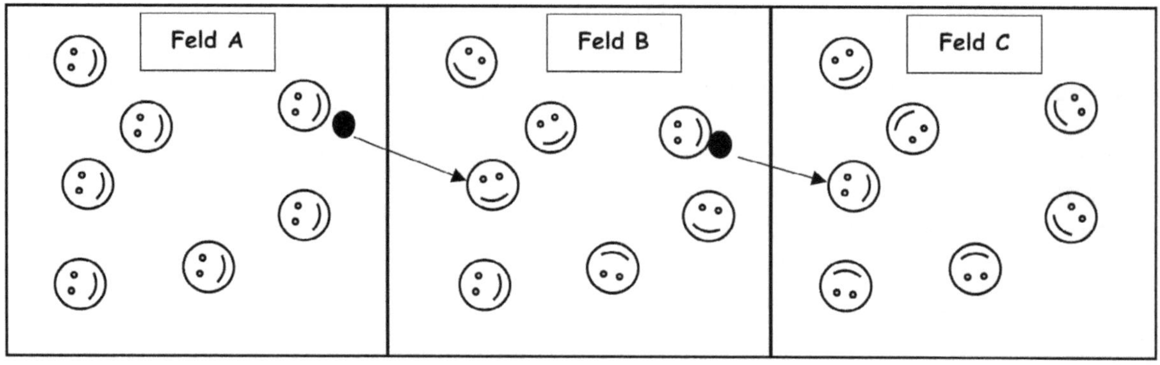

Abwurf durch die Gasse
Die Klasse wird in zwei anzahlmäßig gleich starke Gruppen aufgeteilt. Die eine Gruppe stellt sich zu zweit gegenüber in einer Gasse auf – Abstand ca. 7-9 m. Jedes Paar erhält einen Ball. In der Praxis haben sich die Längslinien des Volleyballfeldes als Orientierungshilfen gut bewährt, evtl. müssen weitere Pylone zur Markierung aufgestellt werden.
Die Läufer stehen an der Startlinie und versuchen durch geschicktes Laufen die Ziellinie zu erreichen, ohne von einem Ball getroffen zu werden. Jeder nicht getroffene Läufer gewinnt einen Punkt für seine Mannschaft. Wenn alle Läufer gelaufen sind, erfolgt Rollentausch. Manchmal ist es ratsam, den Ball zielgenau zum gegenüberstehenden Partner zu spielen, weil der näher am Läufer steht.

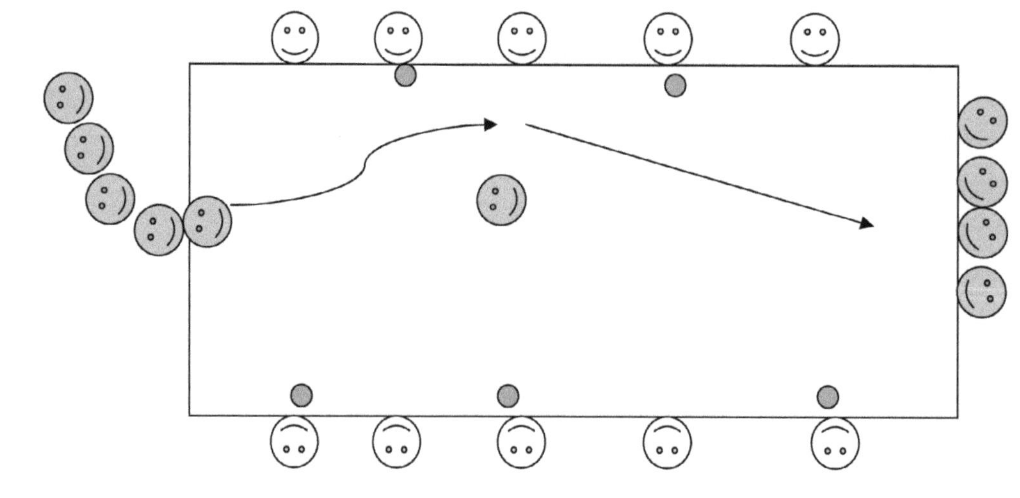

Weitere *Kleine Spiele*:
„Kleine Spiele im Sportunterricht" – Kohl-Verlag, Best.-Nr. 11094

Leichtathletik für Kinder & Jugendliche Grundschule – Bestell-Nr. 12 344

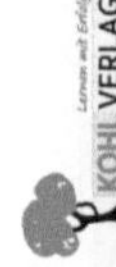

8.2 Schlagwurf vorbereiten: Zielgerichtete Übungsformen

Aufbauend auf den vielfältigen Bewegungserfahrungen der *Kleinen Spiele* folgen Spiel- und Übungsformen, die zielgerichtet Schritt für Schritt die Schlagwurfbewegung ansprechen und vorbereiten, wobei insbesondere das Werfen nach unten-vorne (Prellwurf) im Vordergrund steht.

Es kommen hierbei zunächst verstärkt Bälle zum Einsatz, die gut springen, z.B. Tennisbälle (evtl. auch Schaumstoffbälle), Wurfbälle (80 g) aus Porengummi und kleine Gymnastikbälle (Ø 16 cm). Wichtig hierbei ist, dass jeder Schüler einen Ball zur Verfügung hat und dass die *Kinderhand* den Ball auch greifen kann.

	**Fußball-Einwurfbewegung** über Kopf gegen die Wand mit einem Gymnastikball. Den Ball so gegen die Wand werfen, dass er anschließend im ca. 1,5-2 m davor liegenden Gymnastikreifen aufprellt.
	**Prellen und fangen** Den Ball mit der Wurfhand steil nach vorn-unten auf den Boden werfen und wenn möglich, den hochprellenden Ball mit der umgedrehten Pylone wieder einfangen.
	Den **Tennisball** mit hochgestrecktem Arm kräftig **nach unten-vorne** auf den Boden werfen, so kräftig, dass er hoch *„bis zur Decke“* springt. Viele Wiederholungen ausführen lassen. Wer kann seinen Ball wieder auffangen?

Leichtathletik für Kinder & Jugendliche Grundschule – Bestell-Nr. 12 344

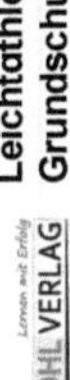

	**Prellwurf** Mit einem nach hinten-oben hoch gestreckten Arm einen Tennisball **nach unten-vorne** werfen, sodass der Ball kräftig auf den Boden prellt und von dort aus gegen die Wand prellt. Tipp: Schon bei diesem Wurf auf die richtige Beinstellung achten, d.h. beim Rechtshänder steht der linke Fuß vorne. Beim Linkshänder steht der rechte Fuß vorne.
	**Prellwurf in einen Gymnastikreifen** und dann gegen die Wand. Tipp: Auf die richtige Fußstellung achten.
	**Prellwurf-Tennis** Zwei Schüler stehen sich gegenüber, zwischen ihnen befindet sich eine gespannte Schnur ca. 1,50 m hoch. Schüler A führt einen kräftigen Prellwurf mit dem Tennisball aus, sodass der Ball über die Schnur springt, Schüler B versucht den Ball zu fangen und führt anschließend auch den Prellwurf aus.
	**Werfen mit einem Staffelstab**, mit einem anderen kurzen Holzstück oder einem Wurfstab aus Vollgummi. Beim geraden schlagartigen Abwurf liegt der Stab senkrecht in der Luft und dreht sich um die eigene Achse mit hoher Geschwindigkeit. Tipp: Am Flugverhalten des Stabes kann der Schüler selbst feststellen, ob seine Armführung und der Abwurf technisch richtig waren. Variation: Werfen aus dem Halbkniestand: Beim Rechtshänder kniet das rechte Bein auf dem Boden und das linke Bein ist vorgesetzt, der Fuß wird aufgesetzt.

KOHL VERLAG Leichtathletik für Kinder & Jugendliche Grundschule ■ Bestell-Nr. 12 344

8 Werfen

	**Ball in die Wurfhand übergeben** Schüler A verlagert sein Gewicht nach hinten und nimmt den Wurfarm zurück – Schüler B steht dahinter und übergibt den Ball von hinten in die Wurfhand – Schüler wirft sofort den Ball am Kopf vorbei nach vorne ab. Jeder wirft 5mal, dann erfolgt Rollentausch.
	**Matte umwerfen** Es werden zwei Gruppen gebildet, die Schüler stehen nebeneinander an der Grundlinie. Mit starken Würfen versuchen sie die locker zwischen den Kästen eingeklemmte „dicke Matte" – den Weichboden – zum Umkippen zu bringen. Welche Gruppe schafft es zuerst?

8.3 Methodische Übungsreihe zur Grobform des Schlagwurfes

Viele Schüler haben beim Werfen häufig (koordinative) Probleme. Die daraus resultierenden Schwächen bei Wurfübungen machen es erforderlich, nach neuen/anderen methodischen Möglichkeiten zu suchen, um den Schülern die Grobform des Schlagwurfes zu vermitteln. Mit Schülern der Grundschule ist es sinnvoll, die Grundbewegung des Schlagwurfes mit einem ganzheitlichen Lehr- und Lernverfahren zu vermitteln, ...

... weil dabei von Anfang an *geworfen* wird, die Lernschritte von einer bekannten Übung ausgehen und danach Schritt für Schritt *schülergerecht* erweitert werden.

Jeder Schüler bekommt einen Tennisball (Ø 7 cm), einen Wurfball aus Porengummi (80 g – Ø 6,5 cm) oder einen kleinen Gymnastikball (Ø 16 cm). Manche Schüler kommen bei den ersten Übungen besser mit dem kleinen Gymnastikball zurecht, weil er mehr Grifffläche bietet.

1. Prellball mit beiden Händen

Den Ball mit beiden Händen fassen und mit leicht gebeugten Armen vor dem Körper halten (die Daumen liegen parallel nebeneinander oberhalb des Balles).
Der Schüler steht im leichten Grätschstand und wirft/prellt den Ball nach einer kurzen Auftaktbewegung auf den Boden. Mehrere Male wiederholen.

Tipp: Wer schafft es, den springenden Ball gleich mit der entsprechenden Handhaltung zu fangen und sofort wieder auf den Boden zu prellen?
Rhythmisch üben: Werfen-fangen-werfen-fangen usw.

2. Wurf über Kopf

Jeder Schüler sucht sich einen Platz, von dem er den Ball gegen die Wand werfen kann – Abstand ca. 2-5 m – je nach Wurfstärke.
Die Grundhaltung (leichte Grätschstellung und Halten des Balles) sind bekannt.
Der Schüler führt den Ball mit leicht gebeugten Armen über den Kopf und wirft ihn anschließend mit beiden Händen gegen die Wand.

Hinweis: Der Ball muss deutlich über Kopfhöhe die Wand erreichen.

Tipp: Den passenden Abstand suchen, damit der zurückkommende Ball evtl. gleich wieder aufgefangen und dann sofort wieder geworfen werden kann.

Leichtathletik für Kinder & Jugendliche Grundschule – Bestell-Nr. 12 344

KOHL VERLAG

3. Vierteldrehung und Wurfarmrücknahme

Leichte Grätschstellung, den Ball mit leicht gebeugten Armen über Kopf mit der bekannten Handfassung halten. Der Rechtshänder führt nun mit dem gehaltenen Ball über Kopf eine Vierteldrehung rechts aus, wobei der rechte Fuß nur leicht mitdreht, während der linke Fuß angehoben und mit dem Fußballen vor dem Körper neu aufsetzt, sodass nun die linke Körperseite in Wurfrichtung zur Wand zeigt. Durch die Vierteldrehung geht die Wurfarmschulter nach hinten und die rechte Wurfhand kommt hinter den Ball, während die linke Hand nur Haltefunktion hat (umfasst den Ball von vorn). Aus dieser Position den Ball am Kopf vorbei gegen die Wand werfen.

Hinweis: Der Ball muss nach der Vierteldrehung sofort geworfen werden.

Tipp: Diese Übung oft wiederholen, bis der Bewegungsablauf flüssig ausgeführt wird. Evtl. auch den Abstand zur Wand erweitern.

4. Grobform Schlagwurf aus dem Stand

Übung wie vorher, aber nun erfolgt während der Vierteldrehung das Rücknehmen des fast gestreckten Wurfarmes und das gleichzeitige Vornehmen des linken Armes (zeigt in die Wurfrichtung) – danach sofort werfen.

Tipp: **Vierteldrehung – Wurfarmrücknahme – Zeigen des linken Armes in die Wurfrichtung und sofortiger Wurf** – beobachten und durch Schüler demonstrieren lassen.

5. Standwurf festigen und vertiefen

Wie letzte Übung, aber darauf achten, dass der Wurfarm am Kopf vorbeigeführt wird – Ellenbogenzug – Unterarmschleuder.

Variation: **Ball in die Wurfhand übergeben**

Schüler A (Schrittstellung) verlagert sein Gewicht nach hinten und nimmt den Wurfarm zurück. Schüler B steht dahinter und übergibt den Ball von hinten in die Wurfhand. Schüler A verlagert danach sofort das Gewicht auf das vordere Bein und wirft den Ball am Kopf vorbei nach vorne ab.

KOHL VERLAG Leichtathletik für Kinder & Jugendliche Grundschule – Bestell-Nr. 12 344

6. Wie letzte Übung, aber der Ball wird hauptsächlich mit Daumen, Zeigefinger und Mittelfinger der Wurfhand gehalten.

So geht es weiter ...

7. Schlagballweitwurf aus der Dreischrittfolge
Der Rechtswerfer führt den ersten Schritt mit dem linken Bein aus und nimmt zugleich den Wurfarm und die Wurfschulter zurück. Der zweite Schritt mit dem rechten Bein erfolgt flach über dem Boden = *Impulsschritt*. Der folgende größere dritte Schritt mit dem linken Bein sorgt für eine optimale Wurfauslage, damit die Kraft auf den Ball übertragen werden kann.
In der Folge die Dreischrittfolge rhythmisieren und schneller ausführen.

Schlagwurf Gesamtbewegung

- Die Schüler sollten erst dann mit dem Anlauf beginnen, wenn der Standwurf technisch in der Grobform ausgeführt werden kann.
- Entscheidend hierbei ist nicht eine bestimmte Schrittfolge, sondern das fließend ineinander übergehende Laufen und Werfen.
- Der Schüler läuft an und erreicht über den Impulsschritt die Wurfauslage.
- Aus einer Bogenspannung des Körpers wird der Wurfarm schlagartig dicht am Kopf vorbeigeführt und der Ball abgeworfen.
- Der Schwung des Körpers wird durch ein flaches Umspringen mit dem rechten Bein aufgefangen.

8 Werfen

Anwenden des Schlagwurfes in den folgenden Sportstunden

Um die Grobform des Schlagwurfes zu festigen, sollte der Bewegungsablauf in den folgenden Sportstunden immer wieder angewendet/geübt werden. Damit das Werfen für die Schüler interessant bleibt, muss sich der Sportlehrer abwechslungsreiche Varianten überlegen, bei denen die Schüler mit Selbstkontrolle weit, manchmal aber auch zielgenau werfen können.

Weitwurf in Wurfzonen

Das Wurffeld wird in Wurfzonen aufgeteilt, z.B. 10 m – 15 m – 20 m – 25 m – 30 m und mit Pylonen markiert.
Die Schüler stehen zu dritt oder zu viert nebeneinander an der Abwurflinie und versuchen so weit wie möglich zu werfen.
Eine sofortige Selbstkontrolle wird durch die Wurfzonen ermöglicht.

Schlagwurf mit Weitenorientierer

Hier bildet das Geländer des Sportplatzes den Weitenorientierer. Je nach Leistungsstand versuchen es die Schüler von den gestaffelten Abwurflinien – 15 m – 20 m – 25 m – 30 m – 35 m.

Tipp: Die Schüler beginnen an einer Linie, von der aus sie den Weitenorientierer mühelos überwerfen können und steigern sich allmählich.

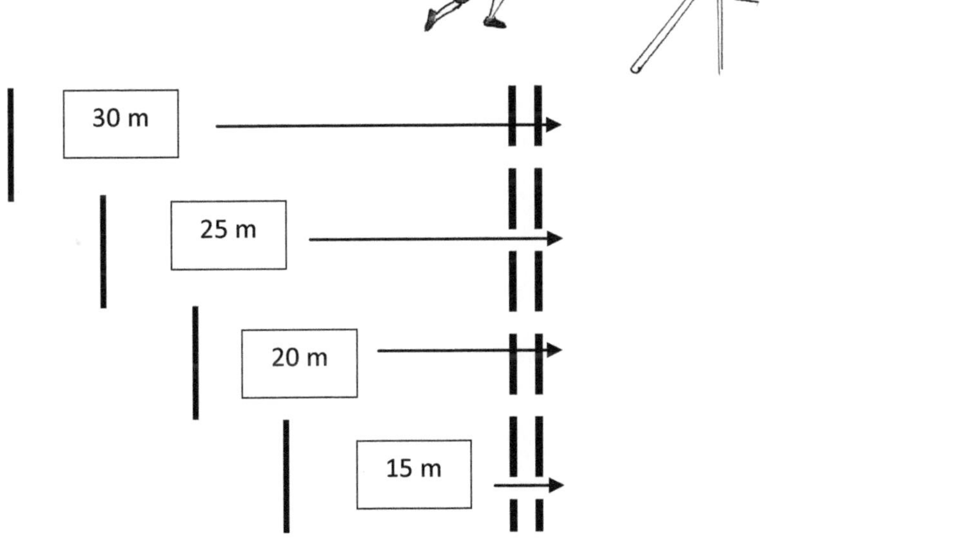

KOHL VERLAG
Leichtathletik für Kinder & Jugendliche Grundschule – Bestell-Nr. 12 344

Schlagballzielwurf nach einem Gymnastikreifen (an der Torlatte befestigen)
Die Schüler stellen sich im großen Halbkreis (durch Pylone markieren) auf und versuchen durch den Reifen zu werfen. Jeder Schüler sollte zu Beginn zwei Bälle haben. Alle Bälle werden gemeinsam zurückgeholt.
Wer hat nach 10 Versuchen die meisten Treffer?

Zielwerfen auf einen Pfahl, Baum, Tonne etc.
Um das Ziel wird ein verschobener Kreis markiert (Seile, Pylone, mit Sand abstreuen).
Die Schüler suchen sich einen Abwurfplatz, von dem aus sie das Ziel möglichst oft treffen.
Dann versuchen sie, den Abstand immer mehr zu vergrößern.

KOHL VERLAG Leichtathletik für Kinder & Jugendliche Grundschule – Bestell-Nr. 12 344